Gespräche mit Erzengel Michael, Band 6

Wir möchten den Leser mit diesem Buch in seinem Bewusstwerdungsprozess unterstützen. Dieses Buch soll ihn informieren und inspirieren. Der Autor und der Verlag können für keinerlei Verluste oder Schäden verantwortlich oder schadensersatzpflichtig gemacht werden, die irgendjemandem direkt oder indirekt durch die in diesem Buch enthaltenen Informationen entstehen.

Dietershaner Str. 29
36039 Fulda
Tel.: +49 (0) 67 64/3 01 09-1
Fax: +49 (0) 67 64/3 01 09-9
www.kamasha-verlag.de
www.kamasha.de

Umschlaggestaltung: Kamasha Verlag
unter Verwendung des Bildes "Ein Schritt zur Leichtigkeit" von © Ivoi, Bad Kreuznach
Satz: Kamasha Verlag
Lektorat: Lucie Sheelara Schwetz
Korrektorat: Joe Phil Bernard von Ehren
Druck: Druckerei Sonnenschein, Hersbruck

ISBN 13: 978-3-936767-05-6
Originalauflage September 2007

Für dieses Buch wurde ausschließlich Papier verwendet,
das nicht aus dem Regenwald stammt.

Gespräche mit Erzengel Michael

Band 6

Kamasha Verlag

„Die Kraft eures Herzens ist eure Lebenskraft."

Vorwort

Liebe Freunde,

das Jahr der Visionen ist von einer ganz starken klärenden Energie getragen. Wir können alle diese grosse Chance nutzen und uns trauen, die Freiheit unseres Herzens zuzulassen.

In diesem Band 6 gibt uns die geistige Welt sehr viel neues Wissen über das "Sein" in den 7 Seelenländern und auch viele praktische Tipps, was welche Seele aus dem einzelnen Seelenland mitbringt und besonders beachten darf.

Ich bin immer wieder selbst sehr berührt von den tiefen Durchsagen und voller Dankbarkeit für die grossen Veränderungen, die in jedem von uns geschehen, ob bewusst oder unbewusst. Können wir uns doch immer wieder an der Kraft der Liebe erfreuen und gemeisam mit jedem Lebewesen wachsen.

Seit dem 1. August hat die Kamasha Versandhandel GmbH ihr neues Zuhause im Seminarort Lebensquelle in Fulda bezogen, und es ist ein ständiger Wachstumsprozess. Ich bin voller Freude, diese Kraft von der geistigen Welt hier auf die Erde bringen zu dürfen.

Mein innigster Dank an

~ Erzengel Michael und die göttliche geistige Welt

~ das Kamasha Buchteam: Amba, Ammana, Neetaya, Yamala, Shakti Ma, Udo, Svala, Avytaba, Sharuya, Antana, Sayula, Navaka und Sheelara.

~ Lucie Sheelara und Avytaba für die grosse Hilfe, dass dieses Buch in dieser Form geboren ist

~ Sharuya Benedicte Costa für ihre Herzenskraft, den Kamasha Verlag 4 Jahre zu begleiten

~ das Kamasha Team

~ das Kamasha TAI Team

~ das Verlagsteam

~ das Bodhi Team

~ das Team vom Seminarort Lebensquelle

~ Bala Sai Baba, Satya Sai Baba, Amma für die Segnungen

~ alle Menschen, die den Frieden auf der Erde leben und den Mut haben, ihr Herz sprechen zu lassen.

Mögen alle Lebewesen erkennen, dass sie Liebe sind

Natara

Fulda, im August 2007

Inhaltsverzeichnis

Worte von Erzengel Michael

Meine geliebten Kinder des Lichts,

das Bewusstsein von Erzengel Michael ist mit euch. Es ist wundervoll, mit euch zu sein und euch zu erfahren, denn die Tiefe des Herzens ist das Vertrauen. Und je mehr ihr euch im Herzen findet, umso stärker wird die Kraft des Vertrauens. Ihr dürft euch immer mehr in die Kraft des Herzens hineinfallen lassen und ihr ohne Angst begegnen. Die Kraft eures Herzens ist eure Lebenskraft. Und mit dieser Lebenskraft werdet ihr jetzt zu Beginn wieder verbunden.

Diese Lebenskraft aus dem Herzen gibt euch den Mut, das Neue zu manifestieren. Spürt hinein, wie sich eure Herzenskraft jetzt mit dem Kosmos und der Erde verbindet. Denn das ist das Wichtige für das neue Wissen, das mit diesem Buch auf die Erde kommt.

Und aus dieser Kraft seid ihr geboren, aus diesem Moment der Stille. Die Stille ist die Musik des Kosmos. Deshalb seid wachsam und spürt euch in jedem Atemzug in der Stille.

Erzengel Michael öffnet jetzt die Tore für die Könige und Königinnen aus den Seelenländern - die Meister und Meisterinnen, damit sie zu euch sprechen und euch ihre Energie übertragen können und damit ihr eurer Seelenkraft immer näher kommt und immer mehr eins werdet.

Wir sind unendlich dankbar, dass ihr das Wissen mit auf die Erde bringt.

Erzengel Michael segnet euch und eure tiefe Schönheit.

Botschaft von Kanuya, einem König aus Lemuria

Meine lieben Freunde,

Kanuya aus dem Land der großen Kristalle, wo die Schönheit und die Kraft manifestiert sind, ist mit euch. Lemuria ist die Kraft, die ihr hier spüren könnt und die ihr fühlen dürft, damit eure Zellen wieder mit der Kristallenergie schwingen.

Wir in Lemuria haben viele Rituale. Diese Rituale geben uns große Erkenntnis über den Kosmos. Und es ist sehr wichtig, euch an diesen Ritualen auf der Erde wieder teilhaben zu lassen, damit ihr ganz in die Klarheit eintauchen könnt, um in die Verantwortung der Liebe zu gehen.

Wenn ein Kind geboren wird, wird es als Einweihung mit Rosenöl einbalsamiert, so dass es die Kraft der Rose in sich trägt. Denn diese neuen Wesen sind so zart und so offen, und mit dem Rosenöl fühlen sie sich angenommen.

Eine Frau, die 9 Monate ein Kind in sich trägt, wird bei Tag und Nacht von 9 Frauen begleitet, um die Kraft dieser 9 Frauen zu bekommen, damit das Kind wächst und die Seele gut in den Körper hineinkommt.

Alle 7 Jahre erhalten wir eine ganz bewusste Einweihung. Die 1. ist das Rosenöl.

Mit 7 Jahren bekommen wir Salbei-Öl auf das 3. Auge zur Reinigung und zur Kraftverstärkung, damit sich die Kraft manifestiert – die Kraft der Liebe und die Kraft der Kristalle.

Mit 14 Jahren sitzen wir 3 Tage in der Dunkelheit. Die jungen Männer, die eingeweiht werden, umgibt man mit männlicher Energie von 9 Männern, die jungen Frauen mit weiblicher Energie von 9 Frauen. Diese 9 Männer oder die 9 Frauen begleiten die Vierzehnjährigen 3 Tage in der Dunkelheit, um die Kraft der Entwicklung der männlichen oder der weiblichen Energie zu übertragen.

Mit 21 Jahren werden wir in die Kraft der Sexualität eingeweiht. Vorher ist es nicht förderlich, sich mit einem Wesen zu verbinden. Denn dann erst kann die Seele mit der Sexualkraft umgehen.

Mit 28 Jahren bekommt man einen Baum geschenkt. Und alle Wesen, die in diesem Baum leben, und der Baum selbst, werden zu deinen engsten Freunden und Begleitern und Beratern.

Mit 35 Jahren erhält man eine Einweihung in das Kronenchakra, und damit werden die lemurianischen Kräfte des Heilens übertragen. Ihr dürft jetzt in diesem Augenblick die lemurianische Heilkraft ganz spüren.

Mit 42 Jahren erfolgt eine Einweihung in die Kraft, mit den Sternen zu reisen.

Mit 49 Jahren empfangen wir die Übertragung der Erleuchtung. Und nach diesem Einweihungsweg beginnt eine neue Inkarnation - nicht nur auf dem Planeten Erde. Oder wenn die Seele sich entschieden hat, bleibt sie in dieser Kraft der Erleuchtung und lehrt und wird gelehrt.

Gibt es Fragen?

FRAGE: Gilt dieser 7-Jahres-Rhythmus nur für Menschen, die aus Lemuria kommen oder gilt er für alle Menschen?

KANUYA: Jedes Seelenland hat seinen eigenen Zyklus, hat seine eigene Energie. Diese Einweihungen sind jetzt ganz speziell für die lemurianischen Seelen. Doch jede Seele auf der Erde kann sie spüren, diese Kraft, die wir hier manifestieren.

FRAGE: Lieber Kanuya, ich grüße deine Göttlichkeit. Stets wenn ich den Namen Lemuria höre, denke ich als erstes an unseren Altmeister und meinen Freund aus anderen Leben: Goethe. Ich lasse ihn sehr herzlich grüßen - vom Regenbogenland nach Lemuria. Du sprachst von den Geburten **in** *euer Seelenland. Habe ich das richtig verstanden? Dies ist doch ein feinstoffliches Land. Und trotzdem werden die Seelen auch dort hinein geboren und bekommen diese Entwicklungen und Rituale?*

KANUYA: Ja, das ist sehr wichtig, Das sind Vorbereitungen, damit die Seele und das Seelenland immer feiner werden. Immer feiner in der Energie. Es ist sehr wichtig, dass sich die Seele immer wieder dem Prozess stellt und dass die Kraft der Seele dadurch immer stärker wird. Immer stärker.

FRAGE: Habe ich das richtig verstanden, dass eine der Einweihungen dazu dient, **mit** *den Sternen zu reisen - nicht* **zu** *den Sternen, sondern mit den Sternen? Was bedeutet das wirklich?*

KANUYA: Mit den Sternen zu reisen bedeutet, diese Kraft der Sterne zu empfangen, diese Kraft der Sterne zu speichern und durch die Verbindung mit den Sternen auf Reisen zu gehen in die anderen Universen. Und mit den Sternen zu kommunizieren, mit den Sternen ganz tief in Kontakt zu sein. Denn auch Sterne werden geboren aus dem Kosmos.

FRAGE: Du sprachst davon, dass diese Rituale bei euch in Lemuria gepflegt werden. Ich habe es aber so verstanden, dass es gut wäre, wenn diejenigen, die aus dem Seelenland Lemuria geboren sind, es auf der Erde in Zukunft auch wieder so handhaben würden. Ist das so?

KANUYA: Ja. Es ist ganz wichtig, dass 9 Frauen eine Schwangere begleiten, um die Kraft zu übertragen, um die Kraft der Verbindung zu erfahren. Das gilt nicht nur für die Frauen aus Lemuria. Das gilt für alle Gebärenden, für alle Schwangeren, dass sie 9 Monate begleitet werden von 9 Frauen in der Kraft der Liebe.

FRAGE: Gilt dies auch für die Ölungen? Sollen wir die auch mit den Kindern und den Heranwachsenden durchführen? Und diese 3 Tage in der Dunkelheit...?

KANYUA: Das sind ganz spezielle Rituale für die Seelen, die aus unserem Seelenland Lemuria kommen. Aus dem Regenbogenland gibt es wieder andere Rituale, damit sich die Seelen frei fühlen auf der Erde.

FRAGE: Seelen werden also durchaus auch in feingeistige, feinstoffliche Dimensionen = Seelenländer hinein gezeugt über Sexualität - wahrscheinlich auf eine feinstofflichere Art und Weise als unsere - und dort geboren. Ich habe das so verstanden: Wenn eine Seele aus Lemuria hier inkarniert war, und wenn ihr Körper hier stirbt, dann wird sie in Lemuria wiedergeboren.

Aber falls sie nicht direkt wieder geboren werden sollte – was ja durchaus möglich ist, weil sie hier gewisse „Vernebelung" erfahren kann: Was passiert denn in der Zwischenzeit, wenn sie nicht direkt wieder in die andere Sphäre geboren wird?

KANUYA: Dann ist sie in Lemuria in dieser Kristallkraft - um sich zu reinigen in dieser Strömung der Kristallkraft. Und sie ist in den Kristallstädten zur Reinigung, zur Erlösung und zur Erneuerung. Spürt die Energie der Kristallstadt hier, spürt hinein in den Wind der Kristallstadt - und in die Kühle.

FRAGE: Vielen Dank für die Unterstützung bei der Heilung meiner Kopfschmerzen durch die Kristallenergie. Ich habe eine Frage zu den 9 Frauen: Müssen das physische Frauen sein oder können das auch feinstoffliche Frauen sein? Ich denke, es wird in den meisten Fällen schwierig sein, immer 9 Frauen während der Schwangerschaft um sich haben zu können.

KANUYA: Es ist für euch auf der Erde sehr wichtig, dass die physische Energie da ist. Wenn es nicht möglich ist, in dieser Zeit rund um die Uhr so miteinander zu sein, dann solltet ihr euch 2 bis 3 Stunden am Tag treffen, um diese große Kraft und dieses große Geschenk der neuen Seele anzunehmen.

Ihr werdet jetzt auch eingeweiht in den lemurianischen Heilstrahl aus der Kristallstadt. Ihr könnt diese Heilkraft überall einsetzen: für euch, für alle Menschen, für die

Tiere, für die Pflanzen, für die Erde, für alles. Nutzt diese lemurianische Heilkraft!

Wir sind sehr dankbar, dass wir euch dieses Wissen geben dürfen. Und wir sind sehr dankbar, dass ihr es in die Welt tragt. Lasst eure Lebendigkeit leben und richtet euer Leben wieder mehr und mehr nach dem Himmel und der Erde aus.

Kanuya ist mit euch.

Lasst den Frieden immer in euch sein.

Botschaft von Noya, einer Königin aus Lemuria

Meine geliebten Freunde,

Noya aus Lemuria grüßt euer Herz. Es ist schön, mit euch zu sein und eure Kraft zu erfahren.

Das Wichtige ist, immer die bedingungslose Liebe zu euch selbst zu leben. Noya möchte euch noch mehr in die lemurianische Energie einweihen, damit ihr fühlt, welche Dimensionen und Tore sich öffnen, wenn ihr euch mit uns verbindet. Der Tag, an dem das Lemuria-Tor die stärkste Energie sendet, ist für euch der Sonntag – der Sonnentag. Dann ist die meiste Lemuria-Energie für euch auf der Erde zugänglich.

Geht mehr und mehr in eure Schönheit. Denn es geht um euch und darum, dass ihr wieder stärker die Anbindung bekommt und dass ihr die Kraft von Lemuria wieder ganz erfahrt.

Bei uns in Lemuria ist 1 Tag so lang wie bei euch auf der Erde 100 Jahre. Stellt euch das vor, welche Möglichkeiten euch offen stehen. Und jetzt wisst ihr auch, warum die Seele unsterblich ist.

Es ist so wichtig, dass sich eure Dichte auf der Erde verändert und ihr immer feiner euer Herz lebt. Und die Achtsamkeit bringt euch aus der Dichte und in das Vertrauen.

Noya gibt euch ein Mantra. Wenn ihr dieses Mantra verwendet, werdet ihr mit der lemurianischen Energie aufgeladen, und eure Zellen werden gereinigt, erfrischt und erneuert, so dass ihr euch der Kraft der Liebe und der Schönheit hingeben könnt.

OM MAHANA

OM MAHANA

OM MAHANA

Das sind die Gesänge aus Lemuria. Dieses Mantra ist eine ganz tiefe Einweihung. Es bedeutet, die Kraft der Liebe zu erfahren und jede Begegnung mit dem Herzen zu manifestieren.

Gibt es Fragen?

FRAGE: Mit diesem lemurianischen Mantra ist es doch bestimmt auch möglich, alte Muster aufzulösen, die in den Zellen gespeichert sind und immer noch nach Erfüllung funken - und uns eigentlich nicht mehr dienlich sind?

NOYA: Es öffnet euch neue Wege. Wenn ihr in jedem Atemzug und in jeder Begegnung die Kraft des Herzens einsetzt, ist nur noch **dieser** Moment möglich. Das bedeutet, es lässt die alte Energie herausfließen, so dass die Herzensenergie immer mehr in jeder Zelle wieder aktiviert wird.

FRAGE: Wie wendet man das Mantra am besten an: durch Singen oder auch durch Sprechen oder Schreiben?

NOYA: Es wird gesungen, und mit dem Singen schwingt es sich immer mehr in eure Zellen ein.

Ihr könnt das Mantra auch in Gedanken sprechen. Und ihr könnt Noya bitten, für euch die Situation zu verändern – und eure Kraft wird erhöht.

FRAGE: Ich grüße dich, Noya. Du hast uns gesagt, dass in Lemuria 1 Tag so lang ist wie bei uns 100 Jahre. Wir haben hier das Gefühl, die Zeit rennt immer schneller davon. Wie wird unsere Zeit hier durch die lemurianische Energie oder das Mantra beinflusst?

NOYA: Bei euch wird alles immer schneller und schneller für den Aufstieg. Doch mit dem Mantra habt ihr viel mehr Raum und viel mehr Kraft, so dass ihr euch völlig neuen Raum gebt. Wenn ihr euch mit dem Mantra verbindet, verändert sich euer Gefühl von Zeit, verändert sich der Alterungsprozess eurer Zellen, so dass ihr gar nicht mehr altert.

FRAGE: Ich möchte noch einmal auf die 100 Jahre zurückkommen, die bei euch 1 Tag sind. Ich habe das mal kurz überschlagen: Das müsste ungefähr der Umlaufzeit von Nibiru entsprechen, dem Planeten der Anunnaki. Mich würde interessieren, ob Lemuria etwas mit den Anunnaki zu tun hat bzw. das Seelenland etwas mit dem Planeten Nibiru?

NOYA: Wir haben immer Kontakt mit den anderen Planeten. Es ist ein Kreislauf, ein kosmischer Zyklus – 1 Tag bei uns sind 100 Jahre bei euch. Das ist ein Kreislauf, auch ein Einweihungszyklus, den wir mit anderen Planeten durchlaufen. Und das geht nur zusammen; es geht nicht getrennt. Dadurch entsteht diese Möglichkeit, die Kräfte der Planeten zu bündeln, und auch das Wissen zu bündeln. Es ist ein Kreislauf.

FRAGE: Wenn 1 lemurianischer Tag 100 Jahre auf der Erde sind, wie lang sind denn dann die Nächte in Lemuria?

NOYA: Es gibt 2 Stunden, in denen es - wie ihr es auf der Erde bezeichnet – dämmert, in denen die Energie auf Null steht. Und nach 2 Stunden geht die Energie wieder hoch. Das ist wichtig, um zu sein. Das ist wichtig, um Ruhe wirken zu lassen. Doch es wird nicht dunkel in unserem Lemuria-Land. Es dämmert 2 Stunden. Das braucht es nicht, dass die Dunkelheit kommt und geht. Es geht nur um die Phase, wo die Energie Entspannung findet.

FRAGE: Und wie ruht man sich dann nach solch einem langen Tag, der 100 Erdenjahre dauert, aus?

NOYA: Indem die Energie in diesen 2 Stunden Dämmerung konstant ist. In dieser Phase finden die Zellen Ruhe und dann geht die Energie wieder nach oben. Es ist nicht die Form des Schlafens, die ihr auf der Erde kennt. Es ist ein Wachsein und ein Ankommen. Doch es ist nicht das Schlafen, das ihr auf eurer Erde kennt.

FRAGE: Das Schlafen, das wir auf der Erde kennen, ist ja eigentlich auch eine Anbindung an die geistige Welt. Kannst du uns ein bisschen näher erklären, wie das funktioniert?

NOYA: Wenn ihr auf der Erde schlaft, werden eure Zellen regeneriert. Wenn ihr die Möglichkeit habt, ganz loszulassen, ist euer Körper und jede Zelle im Alphazustand – während ihr auf der Erde schlaft. In diesem Alphazustand könnt ihr mehr und mehr Kontakt mit eurem Seelenland aufnehmen, mit den Engeln, mit der Kraft eurer Aura und eurer Energie.

Während ihr schlaft, werdet ihr eingeweiht und gelehrt. Bittet darum, bevor ihr heute Nacht aus dem Körper austretet, dieses Wissen ganz bewusst wieder mit auf die Erde zu bringen. Das ist sehr wichtig, denn dann könnt ihr viel mehr verstehen, dann könnt ihr auch viel mehr den Tag verstehen, und warum Dinge geschehen. Ihr entscheidet euch jede Nacht neu für eine neue Erfahrung am nächsten Tag. Ihr reist nachts auch zu eurem Lebensbuch, wo alles über euch erfasst ist. Und mit dieser Kraft könnt ihr viele Dinge entscheiden, nachts wenn ihr schlaft. Und ihr könnt auch euer Lebensbuch nachts mit euren Meistern und Wächtern verändern. Das ist wunderbar, dass ihr immer diese Möglichkeit bekommt.

FRAGE: Heißt das, wenn man aufwacht und man hat eine Idee für etwas völlig Neues - eine Erfindung sozusagen -, dass man die dann von den Planeten, oder wo auch immer man war, mitgebracht hat?

NOYA: Ja, die hast du nachts bekommen und bringst sie ganz bewusst mit auf die Erde. So entstehen die meisten Erfindungen bei euch auf der Erde.

FRAGE: Das heißt also: Jeder Tag ist wie ein neues Leben. In der Nacht kann vieles aufgearbeitet werden und abgelegt werden; und es darf viel Neues entstehen am nächsten Morgen?

NOYA: Ja, jeder Tag ist ein neues Leben. Es ist sehr wichtig, dass ihr eure Gedanken davon überzeugt. Das ist sehr wichtig! Wenn ihr heute Nacht reist, dann bittet eure Meister, eure Wächter und eure Helfer darum, das Wissen, das ihr in der Nacht bekommt, direkt am nächsten Tag zur Verfügung zu haben. Das ist möglich. Und eure Meister freuen sich, wenn ihr sie darum bittet. Denn jeder Tag ist ein neues Leben.

Ihr könnt auch in die Lebensbücher eurer Partner und eurer Kinder reisen - mit ihnen sein und euch mit ihnen verbinden. All dies ist nachts möglich.

FRAGE: Sollte man abends bevor man einschläft darum bitten, sich mit schon Verstorbenen in Verbindung zu setzen, oder sollte man das besser nicht tun, um sie in Ruhe zu lassen?

NOYA: Dann landest du in einem anderen Kreislauf, wenn du darum bittest, dass Verstorbene sich mit dir in Verbindung setzen. Das ist nicht der Kreislauf der Seele. Das brauchst du gar nicht. Die Meister und Wächter, die für dich zugeteilt sind, holen dich jede Nacht – Nacht für Nacht – ab und bewachen deine Seele mit. Und das ist das Wichtige. Du brauchst nicht darum zu bitten, dass du mit den Verstorbenen aus deiner Familie in Kontakt kommst

FRAGE: Ist unser hiesiger Tod wie ein Einschlafen abends?

NOYA: Zu dem Zeitpunkt, wo die Seele ganz den Körper verlässt, durchtrennen deine Begleiter und deine Meister die Silberschnur. Die Silberschnur hat immer Verbindung zu deinem Kronenchakra, wenn du nachts reist. So bleibt nachts immer die Verbindung zu deinem Körper bestehen. Wenn ihr austretet, um ganz nach Hause zu gehen, werdet ihr abgeholt und begleitet von den Meistern. Von euren Helfern und Wächtern werdet ihr begleitet. Ihr könnt vorher noch einmal zu verschiedenen Stationen in eurem Leben reisen, die euch aufgezeigt werden. **Ihr** macht das Buch selber zu. Wenn ihr ganz aus dem Körper austretet, schaut ihr noch einmal euer gesamtes Buch an und schließt es selber, euer Lebensbuch. Und das ist die Durchtrennung der Silberschnur: wenn ihr das Buch schließt – wenn ihr selber das Buch schließt.

FRAGE: Ich habe seit einiger Zeit massive Herz-Kreislauf-Probleme, die teilweise sehr kritisch sind. In den vergangenen Wochen habe ich öfter Erzengel Michael ganz bewusst gebeten, dass er meine Silberschnur hält, weil mir nicht klar war, ob ich es schaffe, wieder zurückzukommen. Ich bat ihn dann um Hilfe und bin glücklicherweise an diesen Tagen wieder gut heruntergekommen. Jetzt weiß ich nicht: Wer sind die Wächter? Sind das unsere Geistführer? Ist es besser, sie zu fragen?

NOYA: Ja, genau.

FRAGE: Dann bleibt noch die Frage: Frage ich Erzengel Michael, der zu meiner Pyramide gehört, oder besser die Wächter?

NOYA: Frage deine Meister. Bitte deine 3 Geistführer, die Verbindung zur Erde zu halten. Das ist sehr wichtig; denn eure Geistführer wachen auch über euch und wollen den Kontakt mit euch haben.

FRAGE: Du hast gesagt, dass wir das Buch des Lebens selber zumachen und damit die Silberschnur durchtrennen. Wie ist das bei Menschen, die durch einen plötzlichen Unfalltod oder durch einen Schock sterben?

NOYA: Die brauchen sehr viel länger, bis sie begreifen, dass sie tot sind, und dass sie aus dem Körper ausgetreten sind. Deshalb gibt es den plötzlichen Kindstod bei euch auf der Erde, wo die Seelen noch einmal auf die Erde kommen, um dann ganz sanft abgeholt zu werden, wobei sie dann ihr Lebensbuch auf eine sanfte Art schließen können.

FRAGE: Ist in diesem Lebensbuch immer nur 1 Leben verzeichnet oder mehrere? Und wenn mehrere, dann ja vielleicht auch auf anderen Planeten...?

NOYA: Du stehst nachts mit den 3 Energien, die du hast, in Kontakt. Wenn du auf die Erde kommst, spaltet sich dein höheres Selbst in 3 Teile auf: Manche kommen parallel auf die Erde, manche auf andere Planeten. Und nachts, wenn du reist, stehst du immer mit diesen 3 Teilen in Kontakt und tauschst dich aus. Ihr tauscht das Wissen aus, ihr tauscht euch aus. Das ist das Wunderbare: dass ihr die Trennung verlaßt und in die Einheit geht, um mit diesem Wissen morgens bei euch auf der Erde wieder zu erwachen. Das ist wunderbar.

FRAGE: Zuerst möchte ich mich ganz herzlich für diese Liebes- und Heilenergie bedanken, die du auf die Erde gebracht hast, und für die neuen Erkenntnisse. Es ist so wundervoll; und mein Herz ist so berührt. Danke!

Ich möchte eine Frage anschließen, die mich persönlich betrifft: Ich habe seit einem halben Jahr sehr oft Gliederschmerzen, die ähnlich wie bei einer Grippe sind. Ich bin aber der Ansicht, dass es nicht wirklich eine körperliche Ursache hat, sondern dass es an den Energieerhöhungen liegt. Ich möchte fragen, ob das stimmt? Und wenn es stimmt, ob ich und all die anderen, denen es ähnlich geht, mit deinem Mantra diese Schmerzen lindern können?

NOYA: Ja, das ist ganz wunderbar. Arbeitet mit dem Mantra OM MAHANA. Arbeitet damit! Es entspannt euch, es löst und ihr dürft euch tief damit verbinden. Macht es! Denn viele Menschen haben Schmerzen durch die Energieerhöhung, weil sich die Zellen noch nicht an die starke Energie anpassen. Wenn ihr mit dem Mantra arbeitet, dann könnt ihr euch ganz frei auf der Erde fühlen – ohne den Schmerz.

FRAGE: Liebe Königin Noya, ich grüße deine Göttlichkeit. Du hast vorhin so wundervoll das Verhältnis des lemurianischen Tages zur lemurianischen Nacht ausgeführt. Mich hat das sehr an die Mittsommernacht erinnert, die wir auf der Erde in den nördlichen Regionen zurzeit der Sommersonnenwende feiern. Können wir uns so in dieser Stimmung das lemurianische Tag-/Nacht-Verhältnis vorstellen?

NOYA: Es ist so, dass in Lemuria sehr große Helligkeit herrscht. In den 2 Stunden verändert sich die Kraft, so dass wir in dieser Energie des Stillstandes einfach nur sind.

FRAGE: Sind diese 2 Stunden Nacht innerhalb der 100 Jahre oder außerhalb der 100 Jahre?

NOYA: In dem Zyklus sind sie außerhalb der 100 Jahre.

FRAGE: Was bedeutet es denn, wenn Menschen, die gar nicht darum gebeten haben, im Schlaf von Verstorbenen träumen oder diese ihnen im Traum irgendwelche Dinge erzählen?

NOYA: Dann ist es so, dass sie noch eine Botschaft haben, diese Verstorbenen, so dass sie noch einmal ins Bewusstsein der Person kommen, um noch etwas zu lösen, um noch etwas auszusprechen und um Frieden zu schließen. Es ist gut möglich, dass sich Seelen dann treffen. Wenn du nachts aus dem Körper gehst, triffst du dann die verstorbene Seele. Ihr tauscht euch aus. Und das bringst du mit in deine Traumebene. Aber es ist nicht förderlich, von vornherein zu sagen: Ich nehme heute Nacht Kontakt mit meiner verstorbenen Oma auf. Nein, das funktioniert nicht.

FRAGE: Wenn jeder Tag wie ein neues Leben ist, dann entscheidet jeder selbst, was er wieder mit in das Leben nimmt – bewusst oder unbewusst. Dann kann ich somit auch eine schwere Krankheit hinter mir lassen und bin dann am nächsten Tag geheilt, wenn ich das Bewusstsein habe und dies auch wirklich will?

NOYA: Ja, es ist möglich, dass diese Kraft, das Lebensbuch umzuschreiben, es zulässt, neu zu sein.

Menschen, die eine schwere Krankheit haben, sollten 30 Stunden lang ununterbrochen schlafen; dann setzt die Heilung ein. Während der 30 Stunden wird das Lebensbuch umgeschrieben.

FRAGE: Es geht mir um das Lernen bei Nacht. Wenn wir als Schüler in einer Schule sind, müssen wir ja das Programm annehmen, das uns aufgegeben ist. Das ist eine Möglichkeit, bei Nacht zu lernen: dass man sich für den „Stundenplan" öffnet . So wird uns etwas gesagt und wir kommen zu einer Information, die wir selbst nicht haben, die uns aber gegeben wird. Und es gibt die andere Möglichkeit, dass man wiederkommt und daraufhin Fragen hat. Ist beides gleich wertvoll?

NOYA: Ja, beides. Es geht darum, dass ihr in jeder Nacht Wissen bekommt. Ihr könnt in den Tempel der Einweihung reisen, in den Tempel des Wissens, in den Tempel wo euer Lebensbuch ist, in den Tempel der Seelenfamilie – wo eure Seelenfamilie mit euch ist. Und in den Tempel eures Seelenlandes könnt ihr reisen. Das ist wunderbar.

Aber deshalb ist es so wichtig, dass Menschen, die sehr schwer krank sind, mindestens 30 Stunden ununterbrochen schlafen. Denn dann setzt die Heilung ein. Dann erst setzt die Heilung ein!

FRAGE: Ich möchte noch einmal auf den Unterschied der Zeitempfindung zurückkommen. Wenn 1 Tag bei euch 100 Jahre bei uns bedeuten, in denen Tag ist bei euch: Was passiert auf der Erde in den 2 Stunden, in denen zwar keine Nacht, aber immerhin Dämmerung ist? Haben wir dann weniger Kontakt zu euch? Besteht in der Zeit eventuell eine nicht so gute Verbindung zu euch?

NOYA: Die Pyramiden sind immer geöffnet. Die Pyramiden sind immer geöffnet, und wir haben immer tiefen Kontakt. Auch wenn wir diese Dämmerungszeit haben, ist es dennoch so, dass wir auch in der Dämmerung bereit sind, euch zu schulen. Dann in einem anderen Tempo - im Tempo der Dämmerung.

FRAGE: Ich möchte noch einmal auf die 30 Stunden Schlaf zurückkommen. Wie geht die praktische Anwendung? Ist es wichtig, dass wir wirklich im Tiefschlaf sind? Das würde ja bedeuten, dass man Schlafmittel einnehmen muss. Wie handhabe ich das?

NOYA: Es ist nicht sinnvoll, chemische Substanzen einzunehmen. Bitte uns, dich in diesem Prozess zu begleiten, und alles kann geschehen.

Arbeite mit dem Mantra. Es kann dir die Tore öffnen, wodurch du 30 Stunden lang nur über die Silberschnur mit dem Körper verbunden bist. Es gibt auch den Tempel der Heilung. Die Meister, die in diesem Tempel arbeiten, wachen über dich in diesen 30 Stunden.

FRAGE: Wenn ich darum bitte, nachts mit Toten verbunden zu werden, sprechen dann Fremdenergien mit mir, oder geschieht dann gar nichts?

NOYA: Es geht hierbei darum, welche Ebenen die Seelen gerade durchlaufen. Es gibt Phasen, in denen die Seelen keinen Kontakt haben dürfen zu euch Menschen. Und wenn es so ist, wird die Seele nicht dein Bitten erhören, weil sie dich gar nicht hören kann, da sie in einem anderen Zyklus ihrer Seelenwanderung ist. Das sind so viele Einweihungswege, die ihr durchschreitet, wenn ihr den Körper verlasst – so viele Möglichkeiten und so viele Ebenen. Deshalb sollte man die Verstorbenen nicht anrufen. Denn wenn sie in den Prozessen ihrer Reinigung sind, dann hören sie euch gar nicht.

FRAGE: Es gibt ja Parapsychologen und Menschen, die Jenseitskontakte herstellen. Was sagt ihr dazu – generell?

NOYA: Generell ist es die Kraft der Gedanken. Du kannst mit deiner Gedankenenergie alles erzeugen. Wenn du den Geist erzeugst, der sichtbar wird, dann ist es die Kraft der Gedanken. Das braucht es nicht auf der Erde, diese Spielchen. Das sind Gedankenspiele, mehr nicht. Es gibt verschiedene Angstwesen, die häufig an ehemals heiligen und nun entweihten Plätzen sitzen, weil sie gerufen wurden. Aber oft hören euch die Verstorbenen gar nicht mehr, weil sie auf ganz anderen Ebenen sind. Und es ist sehr wichtig, dass ihr das wisst: Die meiste Geisterenergie entsteht durch Gedanken.

FRAGE: Hören sie uns dann nicht, weil sie zu weit entfernt sind, oder weil so etwas wie eine Schutzhülle um die Erde und um andere Planeten besteht?

NOYA: Die Seelen haben eine Schutzhülle, damit sie nicht ständig wieder auf die Erde schauen und auf ihre Menschen, die sie gerne hatten. Die Seele hat eine Schutzhülle, und um die anderen, die auf der Erde geblieben sind, kümmern sich andere Wesen und andere Meister.

Die Seele braucht viel Schutz, und diese Hülle lässt sie weitergehen, lässt sie mit den Engeln und mit uns in Kontakt treten, um aus der Dichte herauszugehen – aus der Dichte des Körpers, aus der Materie, wie eine Spirale herauszugehen aus dem Körper. Dann legt sich um die Seele eine Schutzhülle, die eine Spirale ist, damit die Energie weiter nach oben geht.

Deshalb ist es so wichtig, dass die Seele durch das Kronenchakra den Körper verlässt, durch die Spirale. Denn die Spirale ist direkt oben am Kronenchakra. Und mit dieser Spirale tritt sie aus.

FRAGE: Ich möchte noch einmal auf die Heilung von Krankheiten zurückkommen. Wir können ja oft nur Symptome benennen, oder falls sich Krankheitsbilder überlagern, kann ich sagen, was mich am meisten plagt. Soll ich es besser den Meistern überlassen und sie einfach um Heilung bitten? Oder ist es wichtig, dass ich z.B. das Organ benenne, für das ich mir Heilung wünsche?

NOYA: Überlasse es den Meistern, denn sie wissen immer, was für dich ansteht. Du kannst sie in den nächsten Nächten ganz bewusst darum bitten. Wenn du einschläfst, bitte darum, dass deine Kraft, das Lebensbuch zu lesen, dich dahin führt, dass deine Nieren wieder im Lebensbuch arbeiten. Dieses Wissen könnt ihr den Menschen mitgeben, die schwere Krankheiten haben!

FRAGE: Im tibetanischen Totenbuch werden die Menschen gelehrt, nach dem Tod aus dem Kronenchakra auszutreten. Wieso geschieht das nicht automatisch? Wieso ist es überhaupt möglich, auch aus anderen Chakren auszutreten?

NOYA: Weil die Menschen das Wissen aus dem tibetanischen Totenbuch nicht nutzen. Alles, von dem ihr glaubt, es sei leicht, ist für euch auf der Erde nicht wertvoll. Wenn ihr das begreift, wie leicht es ist, das Leben und der Austritt aus dem Körper, ist es wunderbar. Wenn ihr aus einem anderen Chakra austretet, hat das großen Einfluss auf eure nächste Inkarnation, großen Einfluss. Das ist sehr wichtig zu wissen!

FRAGE: Sind die Engel mit in der Hülle oder außerhalb?

NOYA: Die Engel sind mit dir in der Hülle und außerhalb. Beides. Sie begleiten dich; sie reisen mit dir; sie versorgen dich. Sie nehmen dir die Angst darüber, was mit dem passiert, was du zurücklässt. Sie nehmen dir alles, damit du die Kraft der Seele erfährst und wirklich das Lebensbuch selber schließen kannst.

Denn viele schaffen es nicht, wenn sie aus den anderen Chakren herausgehen, ihr Lebensbuch zuzumachen. Deshalb ist es so wichtig, aus dem Kronenchakra hinauszugehen. Oder sie kommen noch einmal und holen es dann nach durch einen plötzlichen Kindstod, durch eine Totgeburt oder durch Austritt schon im Mutterbauch. Das alles sind Energien, wo die Seele noch einmal auf die Erde kommt, um ihr Lebensbuch zu schließen.

FRAGE: Es gibt Frauen, die mehrere Fehlgeburten haben. Sind das dann auch Verabredungen, die vorher stattfinden? Oder warum ist das so?

NOYA: Das sind zum einen Seelen, die noch einmal bewusst das Lebensbuch schließen wollen. Zum anderen kann es auch in der Familiengeschichte viele unerlöste Tote gegeben haben, was noch nicht akzeptiert und verarbeitet wurde. Und so kann es sich auch übertragen. Es ist beides.

FRAGE: Du hast uns jetzt gelehrt, dass wir den Seelen, die gegangen sind, ihren Frieden lassen sollen. Welche Hilfestellung gibst du denjenigen, die auf der Erde mit schwerem Herzen zurückbleiben, und die schlecht Abschied nehmen können? Welche Hilfen können diese Menschen in Anspruch nehmen, damit ihr Herz wieder zur Ruhe kommt?

NOYA: Ihr könnt das Mantra OM MAHANA benutzen. Und lasst diese Möglichkeit und die Kraft wieder leben, dass der Tod die größte Einweihung neben der Geburt ist. Lasst sie wieder leben.

Feiert und tanzt und macht ein Fest daraus, wenn jemand ins Licht geht. Trommelt und feiert, dass die Seele es geschafft hat auszutreten. Das ist so wichtig. Dadurch hat die Seele auch die Möglichkeit, viel leichter zu gehen. Macht ein Fest daraus, wenn jemand die Erde verlässt. Denn dadurch entsteht Heilung in allen Generationen.

FRAGE: Dann ist es also nicht förderlich, wenn man als Hinterbliebener den Familienangehörigen praktisch immer um sich spürt, und das auch mitteilt und als richtig empfindet?

NOYA: Das ist nicht förderlich. Da ist ein Seelenanteil nicht mitgegangen. Das ist nicht förderlich für die Seele und für den Menschen auch nicht. Es ist die Angst, die diesen Seelenanteil dann noch auf der Erde festhält.

Alles ist einfach, alles auf der Erde. Nehmt das wirklich an und fühlt, welche Möglichkeiten ihr bekommt, welche kraftvollen Möglichkeiten euch zur Verfügung stehen. Alles ist da.

Noya segnet euch
und eure Kraft und eure Liebe zu euch selbst.

Feiert euch in jedem Atemzug. Wenn ihr euch einen Tag lang feiert, könnt ihr so viel verändern und so viel auf der Erde erfahren. Nutzt es!

Botschaft von Yamuca, einem König aus dem Regenbogenland

Meine geliebten Freunde,

das Bewusstsein von Yamuca ist mit euch.

Wie schön, euch alle zu spüren. Wie schön ist es, mit euch zu sein, um die Kraft der Regenbogenkinder zu vereinen.

Sie sind die großen Visionäre, die die Kraft der Farben und die Kraft der Träume Wirklichkeit werden lassen. Das ist die Essenz eines jeden Regenbogenkindes. Und es geht um die Liebe, um die Kraft, um das Empfangen.

Auch wir im Regenbogenland erhalten ganz bestimmte Einweihungen, die wir euch hier mitteilen, damit ihr euch besser auf der Erde fühlen könnt und die Kraft mit euch sein darf.

Wenn wir eine Seele empfangen, so trägt die Frau 9 Monate lang einen Regenbogen um den Bauch. Die neugeborenen Kinder werden mit Veilchenöl eingerieben, dem Duft der Liebe, der Freiheit und dem Duft der Erleuchtung: Veilchen.

Mit 7 Jahren bekommen die Kinder eine Einweihung in das 3. Auge. Diese Einweihung bekommen sie von ihren Eltern. Es ist eine Kraftübertragung, und dazu wird ein Mantra gesungen: TAPITO bei einem Jungen - und bei einem Mädchen TAPITA.

Nach weiteren 7 Jahren erhält das Wesen eine neue Kraftübertragung. Es wird in das Wissen der Farben eingeweiht.

7 Jahre später, mit 21 Jahren, ist die Einweihung in die weibliche und in die männliche Energie. Das bedeutet: Ein Junge verbringt 3 Tage im Kreise der Männer, und ein Mädchen verbringt 3 Tage im Kreise der Frauen.

Mit 28 Jahren ist die Einweihung, Töne zu Farben werden zu lassen und Farben zu Tönen.

Mit 35 Jahren ist die Einweihung in die Kraft der Ewigkeit. 7 Jahre später gibt es die Einweihung der Sonne, und nach weiteren 7 Jahren eine Einweihung in die Kraft der Regenbogenkugel.

Das ist der Einweihungsweg in unserem Land, im Regenbogenland.

Manifestiert wieder eure Kraft, um ganz bei euch zu sein, um wieder die Regenbogenkugel in euren Händen zu halten. Haltet eure Hände und spürt die Kugel in euren Händen. Erinnert euch daran, an diese Kraft.

Ihr könnt sie bei euch auf der Erde als Heilkugel nutzen. Sie gleicht aus. Sie entspannt den Körper.

Welche Fragen gibt es?

FRAGE: Wie viele Männer oder Frauen müssen in dem Kreis bei der Einweihung mit 21 dabei sein?

YAMUCA: 9 Männer oder 9 Frauen für die Kraftübertragung.

FRAGE: Was kann es bedeuten, wenn ein Mensch, der aus dem Regenbogenland kommt, nachts vom Schweben träumt und dabei von der Erde getragen wird - etwa 2 Meter über dem Boden?

YAMUCA: Das ist die Kugel. Das ist die Einweihung in die Regenbogenkugel, mit der du auch die Schwere erlösen kannst - und die Schwerkraft.

FRAGE: Gelten diese Einweihungen nur für die Seelen, die im Regenbogenland geboren sind?

YAMUCA: Ja, sie sind ganz speziell für die Kinder und für alle, die aus dem Regenbogenland kommen, damit sie die Kraft und die Schönheit und ihre Farben und ihre Visionen auf die Erde mitbringen.

FRAGE: Ich möchte mich zuerst für die Ehre bedanken, jetzt schon vor dich treten zu dürfen. Das ist etwas ganz besonderes. Obwohl es immer etwas besonderes ist, Besuch zu haben aus diesen Welten.

Ich habe eine Frage zur Regenbogenkugel: Darf ich die Kraft der Kugel nutzen, um meine Nieren zu heilen und auch alle anderen Organe, die krank sind auf der Erde? Ist das eine besondere Möglichkeit für uns, die aus dem Regenbogenland kommen, Heilung zu erfahren, wenn die vielen Hilfsmittel der Erde ihre Grenzen haben?

YAMUCA: Ja.

FRAGE: Und ist es wichtig, dich um Hilfe zu bitten, damit Heilung möglich ist?

YAMUCA: Wann immer ihr mit der Kugel arbeitet, seid ihr mit mir verbunden. Und diese Regenbogenkugel hat große Kraft. Auch für Heilung ist sie einsetzbar.

FRAGE: Sind die Kraft und die Arbeit mit dieser Kugel den Menschen aus dem Regenbogenland vorbehalten? Oder steht diese Kugel für alle zur Verfügung?

YAMUCA: Diese Kugel ist für alle – für alle Lebewesen.

FRAGE: Wie haben wir uns die Einweihung in die Ewigkeit vorzustellen? Was geschieht dabei genau, und welche Auswirkungen hat das?

YAMUCA: Die Einweihung in die Ewigkeit geschieht, indem du 7 Tage lang alleine in einem dunklen Raum sitzt, in dem es kein Licht gibt. Und in dem Moment, etwa ab dem 3. oder 4. Tag, durchbrichst du das Tor der Ewigkeit. Du darfst 7 Tage nur zu sitzen. Nicht liegen, nicht stehen – nur sitzen. Das ist das Tor der Ewigkeit und die Einweihung dafür.

FRAGE: Wie sieht es aus, das Regenbogenland? Und was sind das für Wesen, die dort leben? Leben sie auf Regenbögen? Tragen sie Regenbogenkleider? Und welche Kultur ist es, die dort lebt?

YAMUCA: Alle Wesen tragen bunte Gewänder. Es wird sehr viel Musik gemacht; es wird viel getrommelt und getanzt. Jeder Tag ist ein Fest.

Wir ehren an jedem Tag die Farben, die Töne und die Musik. Und die meiste Zeit arbeiten wir daran, eins mit den Farben zu werden.

FRAGE: Vor vielen Jahren bekam ich nachts im Traum Besuch von einer Familie, die mit bunten Bällen vom Himmel kam. Ein silberner Ball war auch dabei, rote und blaue... . Die Familie hat mir erklärt, dass es für uns Menschen nicht gut sei, den ganzen Tag mit Arbeiten zu verbringen. Die Arbeit solle höchstens 4 Stunden ausmachen, damit wir den Kontakt zur geistigen Welt nicht verlieren.War die Familie vielleicht aus dem Regenbogenland?

YAMUCA: Ja, das waren deine Geschwister aus dem Regenbogenland, die dir diese Botschaft überbracht haben, denn man kann mit der Regenbogenkugel auch reisen – sogar zu anderen Planeten. Und auch ihr könnt mit ihr reisen, wenn ihr diese Regenbogenkugel in der Hand haltet.

FRAGE: Kannst du uns zur Manifestation unserer Visionen etwas sagen? Gibt es vielleicht ein Mantra, mit dem wir unsere Visionen auch wirklich manifestieren können? Denn meiner Erfahrung nach ist es nicht so einfach, dass sie wahr werden und Alltag werden.

YAMUCA: Wenn du deine Visionen manifestieren möchtest, dann manifestiere mit den Farben. Wenn du mit violett meditierst, kannst du die Visionen auf die Erde bringen.

FRAGE: Ich möchte mich zuerst für diese wundervolle Heilkugel bedanken, die du uns geschenkt hast.

Ich selbst komme nicht aus dem Regenbogenland, hatte aber den Eindruck, dass die Kugel sehr stark und energetisch ist. Ich verspürte den Impuls, diese Kugel zu nehmen und sie auf mein Kronenchakra zu legen. Dann hatte ich das Gefühl, dass sie langsam durch den Körper wanderte und reinigte. Ist das so?

YAMUCA: Ja, wenn ihr sie auf das Kronenchakra legt, dann geht sie herunter durch jede Zelle in die Erde.

ANTWORT: Dankeschön.

FRAGE: Jetzt habe ich noch eine Frage für alle Menschen, die nicht wissen, aus welchem Seelenland sie kommen. Kannst du ihnen eine Hilfestellung geben? Woran können sie erkennen, aus welchem Land sie sind, bzw. ob sie speziell aus dem Regenbogenland kommen?

YAMUCA: Die Menschen, die dieses Buch lesen, können sehr stark mit mir und dieser Energie in Resonanz gehen. Spürt die Kugel noch einmal. Wann immer ihr die Hände **so** haltet, ist sie da.

Die Hände werden dabei wie beim Halten
einer imaginären Kugel geformt.

FRAGE: Ich darf mich in diesem Leben als Musiker ausdrücken, und das ist wunderschön. War ich schon mehrmals ein Musiker? War ich auch schon einmal im Regenbogenland? Werde ich dort auch wieder hinkommen?

YAMUCA: Du hast schon mehrmals im Land des Regenbogens gelebt und hast dort auch die Einweihungen erhalten.

Macht mehr Musik auf der Erde. Hüllt den Planeten ein. Macht jeden Tag zu einem Fest. Das ist so wichtig!

Ich grüße euch aus dem Regenbogenland. Es war zum allerersten Mal, dass ich in dieser Form gesprochen habe.

Botschaft von Avaly, einer Königin aus dem Regenbogenland

Meine geliebten Freunde,

das Bewusstsein von Avaly ist mit euch.

Wie schön, dass wir hier zusammen sind, um die Kraft des Regenbogenlandes auf der Erde ganz zu manifestieren. Denn diese große Kraft, mit der wir euch beschenken, ist die unendliche Liebe für die Erde und für euch. Damit ihr auf der Erde immer tiefer eintauchen könnt in das Wissen, wo eure Seele herkommt.

Das Wichtige ist, dass ihr wieder die Kraft eurer Seele auf der Erde erfahrt. Und das könnt ihr mit der Anbindung an euer Seelenland tun. Wenn wir diese starke Energie auf die Erde bringen, dann bekommen die Seelen aus dem Regenbogenland wieder ganz den Kontakt zu uns und zu der Kraft des Regenbogenlandes, so dass ihr diese auf der Erde ganz manifestieren könnt und ganz erfahren könnt. Denn die Kraft des Regenbogenlandes ist das Vertrauen - das Vertrauen in das Leben und in die Kraft des Lebens, in die Träume, die die Visionen sind.

Die Seelenkraft und die Verbindung der Seelenkraft mit der Herzenskraft sind das Wichtigste, damit ihr euch wieder frei fühlt und die Möglichkeiten nutzt, die der Kosmos und die Erde für jedes Lebewesen bereithalten.

Und dieses Wissen stärkt euch.

Spürt hinein in die Kraft des Regenbogenlandes und in die Energie, die wir hier jetzt manifestieren.

Gibt es Fragen?

FRAGE: Liebe Königin Avaly, ich grüße die Göttlichkeit in dir.

Wie ich erfahren durfte, habe ich vor ein paar hundert Jahren als Frau zur Zeit des großen Künstlers Michelangelo in Rom gelebt. Ich habe bis heute einen sehr starken Bezug zu seinen wundervollen Skulpturen und Fresken und möchte dich fragen, ob er jetzt wieder im Regenbogenland ist, und ob du etwas zu seinen Kunstwerken und insbesondere zu den Fresken in der Sixtina sagen magst?

AVALY: Er ist im Regenbogenland mit uns, und er war sehr mit uns und mit den Meistern verbunden. Das bedeutet: Er hat seinen Auftrag auf der Erde sehr gelebt und geliebt. Die Kunst, diese Kraft in die Materie zu bringen, war sein Auftrag. Und wir haben durch ihn gearbeitet. Ja.

FRAGE: Michelangelo heißt ja übersetzt „Erzengel Michael". Was hat uns diese Namensgebung zu sagen?

AVALY: Er war in sehr starkem Kontakt mit Erzengel Michael.

Erzengel Michael hat ihn beschützt, ihn auf seinen Reisen geschult und ihn vieles gelehrt - über das Leben, über die Kunst, über die Umsetzung. Deshalb dieser Name.

ANTWORT: Vielen Dank und viele Regenbogengrüße.

AVALY: Danke.

FRAGE: Liebe Avaly, auch ich bin ein Kind des Regenbogenlandes. Ich grüße dich ganz herzlich.

Ich wüsste gerne, in welcher uns bekannten Planetenregion das Regenbogenland angesiedelt ist. Kannst du uns dazu etwas sagen?

AVALY: Das Bewusstsein des Regenbogenlandes ist in der Kraft der 12. Dimension. Es ist nicht mit den irdischen Sternenkonstellationen zu vergleichen. Es ist eine Ebene, die sich für die Erde öffnet. Und eure Seele kommt mit der Kraft des Regenbogenlandfeldes auf die Erde.

Es ist nicht einzuordnen in irgendwelche Nord-Süd-Richtungen. Es ist eine Ebene, die in der 12. Dimension zu finden ist. Und mit dieser Kraft werdet ihr geboren.

ANTWORT: Danke.

FRAGE: Welche Bedeutung haben die Farben Gold und Silber im Regenbogen – die für uns dort ja nicht erkennbar sind?

AVALY: Gold und Silber sind sehr kraftvolle Energien! Es sind Heilenergien. Sie sind auf eurem Regenbogen unsichtbar, doch in unserer Ebene besteht sehr viel aus der goldenen Energie und der silbernen Energie wegen der Herzöffnung, der Herzensliebe, der Klarheit. Und ihr alle auf der Erde könnt mit dieser heilenden Energie von Gold und Silber sehr viel manifestieren, damit die Visionen Wirklichkeit werden.

FRAGE: Geliebte Königin, auch ich bin ein Kind des Regenbogenlandes, und ich danke dir, dass du zu uns sprichst.

Das „Erden" auf dieser Erde ist für mich trotz unendlicher Unterstützung immer noch ein Thema. Ich wollte dich fragen, ob das jetzt besser wird dadurch, dass ihr die Kraft des Regenbogenlandes auf der Erde verankert habt?

Gibt es noch etwas für uns aus dem Regenbogenland, womit wir uns besser erden können?

AVALY: Durch die Verankerung, die wir jetzt auf der Erde manifestieren, fällt es euch viel leichter, auf der Erde zu sein mit dieser Kraft der Liebe. Du kannst dich immer mit mir verbinden. Wenn du die Erdung brauchst für deinen Körper, für dein Leben, dann verbinde dich mit mir. Und du wirst es spüren, dass die Kraft unendlich fließt.

FRAGE: Ich danke dir und ich habe noch eine Bitte: Könntest du die Kraft des Regenbogens in meinem Herzen wieder installieren, so dass ich meine Visionen besser leben kann und sie in die Manifestation bringen kann - ohne ständig zwischen Resignation und Kämpfen hin und her zu fallen?

AVALY: Jede Seele, die aus dem Regenbogenland auf die Erde gekommen ist, wird jetzt mehr die Verankerung auf der Erde spüren, die Verbindung zum Regenbogenland und zur Erde. Es ist eine ganz kraftvolle Energie, um die Liebe und die Schönheit und die Visionen ganz auf der Erde zu leben. Damit ihr euch **ganz** fühlt. Denn die Seelen aus dem Regenbogenland fühlen sich oft nicht wohl auf der Erde. Deshalb ist es wichtig, dass wir euch jetzt in diese Kraft einweihen, ganz und gar und mit allen Seelenanteilen auf der Erde zu sein, um ganz zu spüren, welche Freiheit kommt.

FRAGE: Was bedeuten diese Einweihungen für Menschen, die nicht aus dem Regenbogenland kommen?

AVALY: Die Seelen bekommen gleichzeitig auch die Energie, ihre Visionen ganz auf die Erde zu bringen, ihre Kraft zu nutzen und mit dieser Kraft zu arbeiten.

ANTWORT: Das ist schön. Ich konnte letzte Woche damit experimentieren. Und es war eine sehr schöne Energie.

FRAGE: Ich hatte in der letzten Woche starke Zahnschmerzen. Der Zahnarzt hat alles untersucht und nichts feststellen können. Die Schmerzen waren dann irgendwann vorbei. Gerade eben, als du die Energie heruntergebracht hast, fingen die Zähne wieder an zu schmerzen. Gibt es eine Affinität zwischen den Zähnen und eurer Energie?

AVALY: Es ist die Heilenergie für dich, die sich jetzt noch einmal dadurch zeigt. Es ist die Heilenergie für dich.

FRAGE: Ich grüße dich. Bei uns gibt es ein Sprichwort, das lautet: Am Ende des Regenbogens ist ein Schatz vergraben. Was hat es damit auf sich?

AVALY: Die Erleuchtung ist der Schatz. Wenn du alle Visionen und alle Kraft lebst auf der Erde, ist die Erleuchtung da. Das bedeutet es. Es bedeutet, die Liebe, die Schönheit und alles zu integrieren in deinem Leben. Und das ist die Erleuchtung.

FRAGE: Ich sehe im Moment sehr viele Menschen auf der Erde, die das „Regenbogenland im Gesicht" stark betont haben – so wie ich. Das heißt, die Wangenpartie ist sehr auffällig gerötet und teilweise sogar entzündet.

Kannst du mir sagen, was das genau bedeutet?

AVALY: Das bedeutet, dass es gut ist, die Energie mehr und mehr durchzulassen und mehr und mehr auf die Erde zu bringen, so dass sie sich nicht im Kopf staut und dort hängen bleibt. Es ist gut, die Visionen und Träume durch den ganzen Körper zu manifestieren und nicht nur in euren Gedanken - und sie wirklich in jede Zelle eures Körpers bringen. Darum geht es. Dass ihr euch ganz fühlt, ganz auf der Erde fühlt. Dafür geben wir euch das Wissen: Dass ihr euch nicht mehr verloren fühlt, sondern **ganz** auf der Erde.

FRAGE: Kann ich diese wunderschöne Energie auch nutzen, um sie Menschen zu übertragen – unabhängig vom Seelenland –, wenn ich weiß, dass sie auch mit diesen Themen befasst sind?

AVALY: Ja, wenn du dich öffnest für den Kanal des Regenbogens, fließt er durch deinen ganzen Körper in die Welt.

ANTWORT: Danke.

FRAGE: Liebe Königin Avaly, ich vergaß vorhin den Regenbogengruß: Navala Ra!

AVALY: Navala Ra.

FRAGE: Es gibt auch bei uns auf der Erde Königinnen. Die sind in der heutigen Zeit wohl eher eine Art Gallionsfigur ihres Staates, haben möglicherweise aber hinter den Kulissen mehr Einfluss als wir vielleicht annehmen.

Gibt es eine Botschaft, die du als Königin den Königinnen dieser Erde übermitteln möchtest?

AVALY: Das Allerwichtigste ist, dass sie zu sich stehen und zu ihrem Land stehen. Es ist wichtig, dass sie die Möglichkeiten nutzen, mit dem Land, mit den Menschen und mit allen Lebewesen in Kontakt zu sein. Dass sie die Entscheidungen gemeinsam in ihrem Herzen tragen und sich authentisch zeigen, in allem, was da ist, damit sie wirklich ganz in ihre Kraft kommen. Und dass sie die Entscheidungen immer wieder in ihrem Herzen überprüfen dürfen. Denn ihr Herz weiß die richtige

Entscheidung. Wichtig ist auch, dass sie auf die Ältesten hören, auf die Ältesten und auf die Kinder, denn sie geben immer auch die richtigen Antworten. Das ist sehr wichtig. Und es ist auch sehr wichtig für alle Länder dieser Erde: einen Kinderrat und eine Ältestenrat zu manifestieren, um die Entscheidungen gemeinsam zu tragen.

In unserer Dimension gibt es diese Energie des Ältestenrates und des Kinderrates. Und alle werden gehört, bevor die Entscheidung getroffen wird. Deshalb manifestiert das auf der Erde auch für euch, in eurem Land! Denn das ist so wichtig, dass die Erfahrung der Ältesten gehört wird und die Erfahrung der Jüngsten. Zusammen kommt die richtige Entscheidung.

FRAGE: Ich habe noch eine Frage zum Thema „authentisch sein". Oft ist es nicht einfach, Dinge, die für uns gerade wichtig sind, zu leben, weil sie nicht konform oder gesellschaftsfähig sind. In welche Farbe kann ich mich hüllen, um gut bei mir zu sein und mein Leben zu leben, ohne mich vom Außen ablenken zu lassen?

AVALY: Mit der blauen Farbe zu sein ist wunderbar - der Farbe der Klarheit und der authentischen Kommunikation.

FRAGE: König Yamuka hat uns gelehrt, dass wir die Kinder mit einem besonderen Mantra ins 3. Auge einweihen können. Könntest du uns noch einmal das Mantra nennen und uns sagen, ob das nur für Kinder des Regenbogenlandes gilt oder auch für andere Kinder? Außerdem würde ich gerne wissen, ob wir die Einweihung auch nachholen können, wenn wir selber schon älter sind?

AVALY: Ja. Das Mantra lautet TAPITO im Kreise der männlichen Energie und TAPITA im Kreise der weiblichen Energie.

FRAGE: Du sprachst eben davon, wie wichtig es ist, auf die Kinder zu hören. In letzter Zeit habe ich gehört, dass den Kindern Pornos oder Gewaltspiele auf das Handy gesendet werden.

Was hat das zu bedeuten?

AVALY: Das ist eine Macht, die dagegen arbeitet, dass die Herzen offen bleiben. Wenn ihr mit den Kindern wirklich authentisch lebt und ihnen authentisch begegnet, passiert so etwas nicht. Dadurch, dass so viele Menschen ihre innere Stimme gar nicht hören, können sie gar nicht ihr Wesen und ihr Wissen an die Kinder weitergeben. Die Kinder drücken das aus, was in der Gesellschaft und auch bei den Eltern nicht gelebt wird. Und dadurch entstehen solche Energien, die das Herzchakra schwächen.

Sexualität ist zwischen Eltern und Kindern oft ein Tabu-Thema. Es kommt vor, dass der Vater oder die Mutter noch andere Partner haben und dies nicht offen leben. All das sind Dinge, die die Kinder durch solche Formen der Gewalt ausleben, denn sie verlassen sich zu hundert Prozent auf die Eltern. Und sie nehmen das auf, was nicht erlöst ist.

FRAGE: Meine Frage bezieht sich auf die Erziehung der Kinder. Wie macht ihr das im Regenbogenland? Du sprachst ja vorhin von dem Rat der Kinder. Wir haben gestern über die neuen kraftvollen Seelen gesprochen und die Schwierigkeit, ihnen das Sein auf der Erde näher zu bringen. Dabei geht es oft um Dinge, die für uns durchaus nützlich sind, was die Kinder in ihrer ganz eigenen Art nicht immer so einsehen.

Wie geht das gut, ohne das man immer mit den Kindern diskutieren muss? Wie kann man da ein harmonisches Miteinander zum Wohle der Kinder und der Eltern finden?

AVALY: Wenn du ihnen die Möglichkeit gibst, sich zu entfalten und sie begleitest auf der Erde, dann können sie sehr stark ihr Inneres nach Außen bringen - ihr Potential. Was natürlich nicht immer so einfach ist für die Eltern. Doch es geht wirklich darum, dass die Kinder ihr Potential leben können. Dass sie ein Miteinander finden, wo beide - die große Seele des Kindes **und** die Eltern - gesehen, geachtet und akzeptiert werden.

Das bedeutet ein achtsames Miteinander in der Kommunikation, ein achtsames Miteinander in der Kraft der Liebe, ein achtsames Miteinander in der Sexualität, ein achtsames Miteinander im wirklichen Leben.

Dann gibt es kein ADS. Diese Form ist entstanden, weil die Kinder so viel Unerlöstes aufnehmen.

FRAGE: Ich als „alter Grieche" habe die griechischen Göttinnen Iris und Irene noch sehr gut in Erinnerung. Iris ist die Göttin des Regenbogens und Irene die Friedensgöttin.

Hast du vielleicht eine Botschaft für uns?

AVALY: Ein Regenbogen schafft es, dass sich alle Herzen öffnen. Die Begeisterung eines Regenbogens auf der Erde lässt Frieden schließen. Deshalb sind sie so eng zusammen: der Frieden und der Regenbogen.

Ein jedes Herz auf der Erde wird berührt, wenn sich ein Regenbogen zeigt. Und diese Kraft für diesen Moment gibt so viel und lässt so viel Frieden auf der Erde entstehen.

FRAGE: Ich habe neulich gehört, dass die bildlich Darstellung des griechischen Gottes Zeus auch als Bildnis für Jesus verwendet wird. Haben die beiden ein identisches höheres Selbst?

AVALY: Er war ein großer Lehrer auf der geistigen Ebene zu Lebzeiten von Jesus. Deshalb gibt es eine starke Verbindung.

FRAGE: Ich komme noch einmal auf die 12. Dimension zurück, in der sich euer Regenbogenland befindet. Sind die Seelenländer Lemuria, Wal- und Delphinland, Elfen- und Feenland auch in der 12. Dimension angesiedelt? Und unterscheiden sie sich durch ihre Ansiedelung von Orion, Sirius und Plejaden, die ja auch astronomischen Entsprechungen zugeordnet sein könnten?

AVALY: Sie sind alle in der 12. Dimension. Doch die Planeten haben materiell nichts mit dem Seelenland zu tun. Die Plejaden- oder Sirius-Seelen sind auch eine Energieform aus der 12. Dimension der Energie-Seelenländer.

FRAGE: Gibt es für das Regenbogenland und die anderen Seelenländer körperliche Erkennungsmerkmale?

AVALY: Ihr werdet es immer mehr über euer 3. Auge spüren und erfahren können, welche Seele aus welchem Seelenland kommt. Es gibt die Ohren als Merkmal, aus welchem Seelenland die Seele kommt. Und es gibt ganz spezielle Anzeichen in der Iris – in eurem Auge: Symbole, die in der Iris sind. Menschen, die mit der Iris-Diagnose arbeiten, können dies sehr gut erkennen.

FRAGE: Ich habe eine Bitte an dich: Ich habe diverse körperliche Beschwerden, bei denen sowohl die alternativen als auch die schulmedizinischen Heilmethoden mit ihrem Latein am Ende zu sein scheinen. Am meisten grämen mich die massiven und bedenklichen Herzschmerzen und meine Nieren.

Ich wollte dich fragen, ob es möglich ist, dass du mit der Kraft des Regenbogens Heilung geschehen lassen darfst?

AVALY: Heilung geschieht - **jetzt**.

Lebt eure Liebe auf der Erde.
Lebt eure Schönheit auf der Erde.
Und lasst euer Leben immer
mit dem Paradies tanzen.

Botschaft von Tayumo, einem König aus dem Elfen- und Feenland

Meine Geliebten,

ich grüße euch aus dem Elfen- und Feenland. Ich bin Tayumo und grüße euch.

Es ist schön, mit euch zu sein, die Schönheit, die Leichtigkeit und die Liebe ganz auf der Erde zu manifestieren. Das Elfen- und Feenland ist ein Land des Lächelns, ein Land der Kommunikation, ein Land der Leichtigkeit und der Kraft, um die Liebe immer einzuladen.

Der Lilienduft, den wir hier jetzt versprühen, ist der Duft des Elfen- und Feenlandes. Wenn die Seelen geboren werden, bekommen sie Lilienöl mit, um die ganze Kraft zu manifestieren. Das ist die erste Einweihung:
das Lilienöl für die Kraft der Seele.

Alle 9 Jahre erhalten wir eine Einweihung. Mit 9 Jahren ist es die Einweihung, mit dem Wind zu tanzen, die Kraft des Windes zu nutzen, damit wir uns mit dieser Kraft ganz verbinden und mit dem Wind fliegen können.

Nach weiteren 9 Jahren kommt eine Einweihung in die Einheit der Liebe. Dies bedeutet: Jedes Wesen erhält eine Pflanze und wird eins mit dieser Pflanzenenergie.

Mit 27 Jahren gibt es den Kreis der männlichen Energie und den Kreis der weiblichen Energie, um ganz mit der männlichen oder der weiblichen Energie eins zu werden.

Mit 36 Jahren folgt die Einweihung der Geburt. Dies bedeutet zu empfangen, zu geben, zu erfahren und alles Wissen zur Verfügung zu haben.

Nach weiteren 9 Jahren ist die Einweihung, um Töne und Musik zu manifestieren - mit den Tönen und der Musik und mit dem Lied des Windes eins zu werden.

Das ist unser Einweihungsweg. Und er ist so kraftvoll. Das Wichtige ist, wirklich mit dem Wind zu fliegen.

Es ist wundervoll, euch in dieser Form zum ersten Mal wahrzunehmen – auch wenn bei euch noch diese Dichte herrscht, die es bei uns in der 12. Dimension nicht mehr gibt. Es ist viel freier. Keine Gedanken. Handeln aus dem Herzen, handeln aus dem Jetzt. Eine andere Energie steht zur Verfügung. Ich möchte euch diese Energie spüren lassen - diese Energie aus dem Elfen- und Feenland in der 12. Dimension. Spürt hinein, was sie mit euch macht und wie sie arbeitet, diese Energie.

Welche Fragen gibt es?

FRAGE: Lieber König Tayumo, ich grüße deine Göttlichkeit. Vielen Dank für die wundervolle Einweihung, die wir eben erfahren durften.

Vorhin fiel die kleine Statuette von Tara vor deinen Füßen um. Und ich dachte sofort: Kaum halten die Feen und Elfen Einzug auf Erden, schon fängt Tara an zu tanzen.

Mich hat deine Schilderung über eure Einweihung in das 18. Lebensjahr sehr berührt, wo ihr mit den Pflanzen eins werdet. Habe ich das richtig verstanden?

TAYUMO: Ja.

FRAGE: Ich beschäftige mich sehr viel mit der griechischen Mythologie. Dort gibt es diese Symbolik, dass die alten Griechen glaubten, in jedem Baum wohnt ein weibliches Wesen: eine Nymphe oder eine Elfe. Ich hatte sofort dieses Bild von der Einswerdung einer menschlichen Seele mit der Pflanzenenergie. Das ist für mich ein wunderschönes Bild.

Magst du dazu noch etwas sagen?

TAYUMO: Die 2. Einweihung - diese Einheit mit der Pflanze – bedeutet, die Pflanze auch auf der geistigen Ebene zu unterstützen. Wir lehren die Pflanze und die Pflanze lehrt uns. Und dadurch können wir uns beide entwickeln und gemeinsam wachsen in die Kraft der Liebe und in die Kraft der Schönheit. Durch den Austausch entsteht das Wachstum. Die Pflanze wird kraftvoll, und wir werden dadurch kraftvoll. Das ist wunderbar. Und in dieser Einheit entsteht das Bewusstsein von Liebe, sich aufeinander einzulassen und sich aufeinander verlassen zu können.

FRAGE: Wie sieht es im Feen- und Elfenland aus? Sind Feen und Elfen wirklich klein, wie die Menschen es sich immer vorstellen?

TAYUMO: Es gibt große und kleine Elfen, große und kleine Feen, Zwerge, Trolle, Gnome, Kobolde. All das ist in unserem Land Wirklichkeit. Und je mehr Elfen und Feen mit dem Wind fliegen können, umso größer werden sie. Es geht um gemeinsames Wachsen; es ist ein Wachstumsprozess.

FRAGE: Wir wohnen mit meiner Mutter zusammen, die aus dem Elfen- und Feenland kommt. Bei uns gibt es ganz viele große Linden. Bei dem Sturm vor kurzem hatte ich Angst, dass die Linden eventuell knicken oder ihnen sonst etwas passieren könnte.

Ist es so, dass Menschen, die aus dem Elfen- und Feenland kommen, sich solche Bäume wie diese Linden mitbringen? Ist es so, dass um diese Menschen herum mehr Naturgeister sind? Was kann ich meiner Mutter zum Schutz der Linden sagen?

TAYUMO: Sie ist sehr stark verbunden mit den Linden. Sie leben miteinander. Sie tauschen sich aus. Wenn eine Seele aus dem Elfen- und Feenland auf die Erde kommt, dann wartet auch immer schon ein Baum oder eine Pflanze auf die Seele, damit sie auch auf der Erde gemeinsam die Kraft des Seelenlandes der Elfen und Feen manifestieren können. Diese Menschen haben eine besondere Beziehung zur Natur und können auch wirklich mit ihr kommunizieren, mit den Bäumen und Pflanzen sprechen.

FRAGE: Ich möchte mich erst mal ganz herzlich bei dir bedanken und mich vor dir verbeugen, dass du aus dem Feen- und Elfenland zu uns gekommen bist und diese Energie auf die Erde gebracht hast.

Ich selbst bin aus dem Feen- und Elfenland und finde die Energie unglaublich schön und freue mich, dass du sie für viele Menschen spürbar machst durch dein Kommen, das für dich bestimmt nicht leicht war. Denn hier auf der Erde ist eine hohe Dichte; und es ist für euch nicht leicht, zu uns zu kommen. Ein großes Dankeschön dafür.

Ich möchte fragen: Wie können wir die Einweihungen weitergeben? Ich denke, wir sollten sie auch bei uns Menschenkindern vornehmen. Können wir uns mit euch verbinden und euch bitten, dass ihr für uns die Einweihung vornehmt?

TAYUMO: Ja.

FRAGE: Und woher wissen wir, welche Pflanzen für den einzelnen Menschen die richtigen Pflanzen sind, mit denen er oder sie sich verbinden darf?

TAYUMO: Die Seele wird zu der Pflanze geschickt durch den Körper. Die Kinder, die aus dem Elfen- und Feenland sind, spüren, mit welcher Pflanze sie in der anderen Dimension im Elfen- und Feenland eins geworden sind. Und sie bringen diese Kraft auf die Erde mit.

Bittet uns, diese Einweihungen in euren Zellen auf der Erde zu manifestieren, so dass ihr die ganze Kraft des Elfen- und Feenlandes wieder in euch tragt und ihr wirklich wieder nach Hause kommt und die Leichtigkeit des Körpers fühlt. Und dass die Dichte, die ihr auf der Erde noch habt, mehr und mehr in die Kraft der Leichtigkeit und Liebe übergeht.

FRAGE: Erst einmal herzlich willkommen! Ich bin nicht aus dem Feen- und Elfenland, auch wenn mein zweiter Name Magnolia ist.

Es gibt ja verschiedene Namen, die Blumennamen sind. Ist das Zufall oder hat das eine bestimmte Bedeutung?

TAYUMO: Du darfst dich auch mit dieser Pflanze verbinden. Sie gibt dir Kraft. Es ist jetzt nicht so, dass du in deinem Seelenland eins geworden bist mit der Pflanze. Aber es ist eine Pflanze, die dir in diesem Leben Stärkung gibt und Freude, Lebensfreude.

FRAGE: Maria hat uns schon vor ein paar Jahren einiges aus dem Feen- und Elfenland berichtet. Sie hat uns einen Smaragd zwischen den Schulterblättern aktiviert.

Hat Maria einen besonderen Bezug zum Elfen- und Feenland bzw. haben die Seelen, die aus dem Feen- und Elfenland kommen, einen besonderen Kontakt zu Maria? Welche Bedeutung hat dieser Smaragd? Was hilft er uns auf der Erde zu bewirken, wenn er aktiviert ist?

TAYUMO: Dieser Smaragd lässt euch aus der Dichte in die Einheit kommen, damit ihr wirklich mehr und mehr wahrnehmt - den Wind und die Kraft des Windes und die Natur wahrnehmt. Dafür ist diese Einweihung gegeben worden und auch dafür, dass ihr euch mehr und mehr fühlt auf der Erde und im Kosmos.

FRAGE: Gibt es für diese Menschen eine besondere Formel, wie sie mit dem Wind reden können, um ihn zu besänftigen, falls er zu stark stürmt?

TAYUMO: UPARY heißt das Mantra, um mit dem Wind in Kontakt zu kommen. Damit könnt ihr die Kräfte des Windes anrufen oder auch besänftigen. Beides. Deshalb seid achtsam mit diesem Mantra.

FRAGE: Wie oft soll man dieses Mantra chanten, denken oder sprechen?

TAYUMO: 9 Mal.

FRAGE: Wenn ich mich mit deiner Seelenheimat verbinde, denke ich viel an Shakespeare. Im Sommernachtstraum z.B. geht es um Feen, Elfen, Gnome und diese ganze Gefolgschaft. Falstaff ist für mich auch eine Geschichte, die im Elfen- und Feenland spielt.

Hat Shakespeare etwas mit deiner Seelenheimat zu tun?

TAYUMO: Er ist auch aus dem Elfen- und Feenland und hat die ganze Kraft aus dem Elfen- und Feenland den Menschen näher gebracht. Er hat seinen Auftrag auf der Erde sehr wundervoll manifestiert.

FRAGE: Es gibt in der Natur die sogenannten Elfenkreise. Einige nennen sie auch Hexenkreise. Sie entstehen durch Pilzsporen, die sich auf Gräsern als Kreis ausbreiten.

Kannst du mir sagen, welche Bedeutung sie haben?

TAYUMO: Es sind Symbole, Kraftsymbole zur Stärkung und Reinigung der Erde, die mit vielen Helfern der geistigen Welt manifestiert werden. Und diese Plätze sind auch Heilplätze für euch Menschen und für alle Lebewesen.

FRAGE: Maria hat uns berichtet, dass jeder Mensch neben Schutzengeln auch Feen und Elfen um sich herum hat, die er bitten kann, in bestimmten Situationen zu helfen.

Was aber ist der Unterschied? Wofür soll ich die Feen rufen und wofür die Elfen? Worin sind Feen „besser", worin Elfen?

TAYUMO: Es gibt viele wundervolle Möglichkeiten, sich mit uns zu verbinden: einen Baum zu umarmen oder in einer Pflanze die Schönheit zu erkennen, das sind die höchsten Verbindungen. Wir sind immer mit den Engeln in Verbindung. Wenn ihr einen Engel ruft, so ruft ihr auch uns. Da gibt es keine Trennung. Denn das, was uns verbindet mit der Erde, mit den Engeln, mit den Meistern, ist die Liebe. Die Liebe.

FRAGE: Können sich auch andere Wesen mit den Bäumen verbinden oder ist das nur für Elfen und Feen?

TAYUMO: Welche Wesen meinst du?

ANTWORT: Menschen.

TAYUMO: Du kannst dich immer mit deinem Kraftbaum verbinden, mit deinen Seelenpflanzen. Das ist wunderbar möglich. Die Einswerdung geschieht im Elfen- und Feenland, aber ihr könnt euch immer mit der Natur, mit dem Wald und mit den Tieren verbinden.

FRAGE: Wundervolle Märchen und Kindergeschichten, wie z.B. Mary Poppins, der Zauberer von Oz oder Peter Pan haben in meinen Augen eine starke Affinität zu deinem Seelenland.

Ist es so, dass sie einen wichtigen Auftrag für diese Erde haben?

TAYUMO: Dadurch wollen wir euch näher sein, damit ihr wisst, dass es uns gibt, dass wir kein Märchen sind, sondern dass es wirklich Wahrheit ist – dass wir da sind in unserem Land, und dass es uns gibt.

FRAGE: Gibt es bestimmte Gegenden auf der Erde, wo sich Zwerge vermehrt aufhalten?

Und welche Aufgabe haben sie?

TAYUMO: Die Zwerge haben die Aufgabe, den Wald und die Natur zu schützen. Die Energie der Liebe an die Plätze zu bringen, wo Heilung nötig ist. Und sie haben den Auftrag, diese Plätze zu schützen.

FRAGE: Vor kurzem beim Rasenmähen hatte ich das Gefühl, ich sollte an einem bestimmten Platz des Gartens nicht mehr weitermachen. Befindet sich dort etwas besonderes, so dass ich diese Stelle für immer so unbearbeitet lassen sollte?

TAYUMO: Sie leben dort, die Zwerge. Sie wollen, dass du es so lässt, damit die Kraft dort erhalten bleibt.

FRAGE: In der Nähe dieses Ortes steht eine Kastanie. Diese ist von mir mitgepflanzt worden. Außerdem ist sie mein Kraftbaum. Vor einigen Jahren ist dort ein Blitz eingeschlagen. Der Baum ist dadurch mehrfach gespalten, wir versuchen aber, ihn weiter zu erhalten.

Ist es möglich, dass diese Kastanie zurzeit mit mir in Resonanz ist bezüglich meiner Beschwerden? Hat sie mir etwas abgenommen? Kann man sie erhalten, oder muss ich sie opfern?

TAYUMO: Verbinde dich mit der Kastanie. Verbinde dich noch mehr mit ihr und spürt zusammen eure Heilung, spürt gemeinsam eure Heilung. Verbinde dich mit ihr; und ihr könnt gemeinsam – nur gemeinsam – heilen.

FRAGE: Du hast so sehr die Kraft des Windes betont. Ich finde das schön. Ich stelle mir das Wirbeln und das Loslassen vor. Mir gefällt der Gedanke, die Kraft des Windes für das Loslassen einzusetzen.

TAYUMO: Um frei zu sein!

FRAGE: Das finde ich sehr wichtig - sowohl im persönlichen Bereich als auch auf der ganzen Welt.

Die Schwierigkeit loszulassen: Kannst du uns dazu etwas mitgeben? Vielleicht ein Ritual oder einfach etwas Kraftvolles für uns - die wir so sehr an dem Irdischen festhalten wollen?

TAYUMO: Es geht um die Dichte. Wenn ihr euch mehr und mehr mit der Natur, mit den Bäumen und den Pflanzen verbindet, werdet ihr spüren, dass ihr viel mehr loslassen könnt. Weil die Natur immer loslässt - immer.

Immer wieder wird das Neue geboren und wieder losgelassen. Schaut euch die Natur an: In jedem Zeitraum wird das Neue geboren, und das Alte stirbt. Und wenn ihr das übernehmt, ist das die stärkste Kraft, die ihr in eurem Leben habt. Mit dieser Leichtigkeit loszulassen und neu geboren zu werden. Das ist das Allerwichtigste.

FRAGE: Wir wohnen ganz in der Natur. Früher haben wir in der Stadt gewohnt. Es ist so wunderbar, diese Natur zu spüren.

TAYUMO: Das ist der Prozess: annehmen, loslassen, gebären und sterben. Das ist das Allerwichtigste für euch, aus der Dichte herauszukommen in die Kraft der Liebe und der Leichtigkeit.

FRAGE: Meine Frage bezieht sich auf ein Tier, das es bei uns nicht gibt, und das als Fabelwesen bezeichnet wird. Hat das Einhorn auf der Erde gelebt?

TAYUMO: Es hat auf der Erde gelebt. In unserer Dimension im Feen- und Elfenland gibt es viele Einhörner. Ja, es war auch auf der Erde. Doch es hat sich zurückgezogen. Das Seelenbewusstsein der Einhörner hat sich bewusst zurückgezogen von der Erde, weil es mit vielem nicht mehr zurechtkam. Es hatte so eine starke Heilkraft auf der Erde.

FRAGE: Meine Frage bezieht sich auf den Umgang miteinander - für uns, die wir aus den verschiedenen Seelenländern sind. Meine Freundin z.B. ist aus dem Feen- und Elfenland. Ich bin aus dem Regenbogenland. Ich habe die Energie der Klarheit, des heiligen Erzengels Michael. Das ist nicht immer ganz einfach für sie.

In welche Farbe kann ich mich denn hüllen, damit diese mir eigene Klarheit für sie, dieses zarte Elfchen, nicht so wuchtig ist?

TAYUMO: Aus der Klarheit wird immer etwas Neues geboren. Wenn du so bist, bist du so. Da gibt es keine Farben. Das Wichtige ist zu leben - **das** zu leben. Und aus diesem Leben entsteht das Neue, und das Alte stirbt. Einfach da sein mit der Liebe, mit der Schönheit und mit der Klarheit.

Lasst die Kraft in euch herein.

Spürt die Liebe und das Lachen des Windes,
wenn er euch küsst.

Das Bewusstsein von Tayumo ist mit euch.

Botschaft von Turyna, einer Königin aus dem Elfen- und Feenland

Meine Geliebten,

ich bin Turyna aus dem Elfen- und Feenland und begrüße euch auf der Erde, um mit euch die Kraft des Elfen- und Feenlandes zu manifestieren, um mit euch die Weisheit, die Liebe und Reinheit aus dem Elfen- und Feenland zu teilen.

Es ist das erste Mal, dass wir in dieser Form auf der Erde Kontakt haben. Es ist das erste Mal, dass wir zu einer Gruppe von Menschen sprechen. Wir freuen uns sehr, dass ihr zuhört.

Viele Menschen können gar nicht mehr zuhören, können sich nicht mehr spüren und können die Natur nicht mehr in ihrer Schönheit erkennen. Doch wir sind eins mit der Natur. Wir sind eins mit den Pflanzen. Es ist so wichtig, dass diese Kraft und die Liebe zu allen Lebewesen auf eurem wundervollen Planeten Erde gelebt werden.

Die Möglichkeiten, die ihr habt, lasst sie leben auf der Erde! Denn nur so können wir zusammen kommen. Nur so könnt ihr uns spüren und wir euch.

Und macht es für die Plätze, macht es für euer Land: einen Kinderrat und einen Ältestenrat, dass es wirklich wieder friedlich und klar in eurem Land wird. Die Kinder haben so viel zu sagen und die Ältesten auch. Zusammen entsteht das Neue.

Gibt es Fragen?

FRAGE: Ich fühle mich sehr hingezogen zu eurem Land, obwohl ich nicht von dort stamme. Wie kommt das?

TURYNA: Du hast schon bei uns gelebt. Ja.

ANTWORT: Schön. Danke.

FRAGE: Ich hatte ein ganz besonders intensives Erlebnis mit eine mächtigen alten Eiche, einem Kraftbaum. Das Wurzelwerk hat sich mir als eine Kathedrale offenbart, als ein heiliger Raum.

Unter welchen Bedingungen kommt es dazu, dass ein Baum ein heiliger Raum wird?

TURYNA: Wenn ihr bereit dazu seid hineinzugehen. Jeder Baum hat einen heiligen Raum. Jede Pflanze hat einen heiligen Raum.

Wenn ihr bereit seid, dann öffnen sich der Baum und die Pflanzen für diesen heiligen Raum. Es liegt immer an euch, die Bereitschaft mitzubringen.

FRAGE: Was geschieht, wenn der Kinder- und der Ältestenrat nicht die gleiche Meinung haben?

TURYNA: Durch die Verbindung der Herzen einigen sie sich immer. Durch die Kraft, die beide mitbringen, die Ältesten und die Kinder, gibt es keinen Neid, gibt es keine Eifersucht; es gibt nur das Herz. Und aus dieser Kraft entsteht gemeinsam die Antwort. Und das ist das Wunderbare, dass es keine Kampfenergie gibt, sondern dass das Leben wirklich gemeinsam getragen wird. Gemeinsam. Zusammen.

FRAGE: Manchmal stellt man sich vor, dass Elfen- und Feen an einem bestimmten Platz sind. Man stellt sich das so vor, weil der Platz einem so vorkommt. Man denkt, man sieht sie.

Was bedeutet das dann?

TURYNA: Es ist dein Herz, das es wahrnimmt. Es ist deine Kraft, die es wahrnimmt - und deine Liebe. Wir sind an vielen Plätzen überall auf der Erde. Wir sind in der Natur, im Wald, um zu reinigen, um zu erhalten und um zu schützen.

Manche Menschen bleiben stehen und spüren hinein in den Baum, und sie spüren uns. Das ist wundervoll. Kinder können uns oft auch sehen. Wir können dann zusammen die Liebe und die Schönheit manifestieren. Zusammen.

FRAGE: Zuerst einmal ein großes Dankeschön, dass du zu uns auf die Erde gekommen bist. Das ist ein großes Fest für uns, weil ihr hier Leichtigkeit auf die Erde bringt.

Und es hilft, Strukturen aufzulösen. Eine große festgefahrene Struktur auf der Erde ist die Machtstruktur.

Inwieweit könnt ihr uns helfen, Teile dieser Strukturen aufzulösen, sie durchlässiger zu machen und die Menschen daran zu erinnern, wer sie wirklich sind?

TURYNA: Das geschieht, indem ihr mehr und mehr in den Wald geht, in die Natur geht und die Schönheit der Wiesen und der Pflanzen wahrnehmt, die in jeder Minute, in jeder Sekunde aus der Erde geboren wird.

Es ist wichtig, dass ihr viel mehr Bäume und Pflanzen umarmt, und dass ihr mehr in den Wald geht und das Abgeben und Loslassen übt.

Ihr könnt euch viel mehr uns übergeben - viel mehr, als ihr euch vorstellen könnt. Und das ist wichtig, dass ihr mehr die Natur und die Erde achtet, dass ihr mehr und mehr in die Qualität des Seins kommt.

FRAGE: Habt ihr eine besondere Verbindung zu den Isländern, oder habt ihr ein Tor dort, da ihr dort besonders zahlreich seid? Warum gibt es dort so viele Menschen, die euch sehen? Sind möglicherweise fast alle Isländer aus dem Elfen- und Feenland?

TURYNA: Dort wird noch darauf geachtet, dass wir da sind. Dort sind wir noch in den Herzen der Menschen. Dort gibt es nicht so viele Autobahnen, nicht so viele Flughäfen und nicht so viele Handy-Masten. Das, was uns voneinander trennt, ist dort noch nicht gegeben. Und deshalb sind wir dort spürbarer. Wir sind hier in diesem Land genauso präsent, doch leider für euch nicht mehr spürbar. Aber wir sind genauso da. Genauso vielzählig wie in Island. Genauso.

FRAGE: Du hast dich nicht explizit als Königin vorgestellt. Deswegen möchte ich dich fragen, ob du eine Königin bist? Außerdem würde ich gerne wissen, ob das König-Sein sich auf eine natürliche Seinsebene bezieht oder ob du z.B. gewählt worden bist? Was zeichnet einen aus, dass man Königin ist?

TURYNA: Dieser Titel entsteht durch eine Kraftübertragung. Wir werden ausgesucht von den vorherigen Königinnen und Königen, die uns dieses Wissen und die Kraft übertragen, um in der göttlichen Energie ein Volk zu führen.

Wir werden eingeweiht in die Göttlichkeit und in die Möglichkeiten der Liebe, der Schönheit - mit den kraftvollen Ritualen, die wir euch gegeben haben, damit jedes Wesen in seiner Kraft lebt. Wir bekommen eine Einweihung, und die Kraft wird übertragen. Und das zeichnet uns aus. Auch in den anderen Seelenländern ist die Kraft übertragen worden.

FRAGE: Die Energien eines Baumes fühlen sich im Wandel der Jahreszeiten sehr unterschiedlich an. Deshalb würde ich gerne wissen, ob es jeweils unterschiedliche Wesenheiten sind, die mit ihm sind während der Blütezeit oder während er seine Krone voll ausgebildet hat, die Früchte bildet oder dann die Blätter abwirft?

TURYNA: Wir begleiten die Bäume und die Pflanzen in jeder Phase des Lebens. Es ist immer ein Austausch der Kraft. Und wir wachsen zusammen.

Wir begleiten alle Pflanzen in ihrer Entwicklung. Alle. Damit sie wachsen, um zu erblühen und wieder zu sterben. Doch wir sind in keiner Zuchtanlage zu Hause. Wir sind in keinen Gewächshäusern, wo Millionen von Pflanzen entstehen. Dort sind wir nicht. Das ist zu giftig.

FRAGE: Sind es unterschiedliche Wesen während der unterschiedlichen Jahreszeiten?

TURYNA: Nein, es sind keine unterschiedlichen Wesen. Es sind immer dieselben.

FRAGE: Ich habe noch eine Frage zu dem Konsens, der mit dem Herzen gefunden wird. Als Beispiel möchte ich die Kinder nehmen, für die die ganze Welt ein Abenteuerspielplatz ist, und den Ältestenrat, der durch seine Weisheit ausgezeichnet ist. Jetzt kann man das auf verschiedene Ebenen übertragen: Der eine sagt von Herzen „ja", der andere sagt von Herzen „nein".

Können wir darauf vertrauen, dass das Ganze noch im Prozess ist, und dass einfach Aspekte noch nicht gesehen wurden und deswegen der eine unbedingt nach rechts und der andere unbedingt nach links muss? Und dass aber dann, wenn alles gesehen wurde, es sich einfach so ergibt, dass eine gemeinsame Lösung gefunden werden kann?

TURYNA: Es geht darum, alles zu integrieren, alles in Einklang zu bringen. Und dann kommt das „Ja" zustande.

FRAGE: Liebe Feenkönigin Turyna. Ich grüße deine Göttlichkeit.

Mein Vater hat eine große Solitär-Baumschule. Seid ihr dort anwesend?

TURYNA: Wir sind da, um die Kraft und die Schönheit gemeinsam mit euch zu manifestieren.

FRAGE: Obwohl ja viel von Menschenhand und Züchterei dort im Spiel ist...

Auch ich habe eine starke Verbindung zum Elfen- und Feenland. Ich bewundere und verehre berühmte Menschen, die von euch gekommen sind. Ich liebe die Musik von Mozart oder von Verdi. Ich glaube, Marilyn Monroe kam auch von eurem Stern und auch die heutige englische Queen. Für mich war sie immer – besonders als junge Frau - eine Märchenkönigin.

Wie kommt es, dass ich so eine starke Verbindung zu den Seelen aus diesem Land spüre?

TURYNA: Du hast auch schon einige Male im Elfen und Feenland gelebt. Dadurch hast du diese starke Liebe für diese Menschen, die ihre Kraft auf der Erde verwirklichen.

ANTWORT: Vielen Dank.

FRAGE: Hat Friedrich von Schiller auch etwas mit euch zu tun, oder kommt er aus einem anderen Seelenland?

TURYNA: Auch er kommt aus dem Elfen- und Feenland. Er hat seine Kraft sehr stark aus unserer Dimension auf der Erde verwirklicht.

FRAGE: In meinem Wohnort gibt es einen Exotenwald. Dort befinden sich viele Mammutbäume. Viele von ihnen sind vor ein paar Jahren, als der heiße Sommer war, gefällt worden. Wegen Trockenheit, hieß es. Ist das wirklich die Ursache dafür gewesen?

TURYNA: Wenn Elfen und Feen aus dem Baum ausziehen, dann stirbt der Baum. Manchmal ist es wichtig, dass die Seele des Baumes auch wieder auf eine andere Ebene geht. Und deshalb sind diese Bäume gestorben – erlöst worden. Ja.

FRAGE: Also ich habe das noch nicht ganz verstanden. Meine Seele z.B. ist von den Plejaden. Gleichzeitig ist es aber so, dass man schon öfter in einem anderen Seelenland war. Das verstehe ich nicht. Also die Seele ist ja die Seele, die wechselt ja nicht ihren Ursprung ...

TURYNA: ... aber sie will sich entwickeln. Deshalb kann sie in die einzelnen Seelenländer reisen und dort auch ihre Erfahrungen machen und die Einweihungen bekommen.

FRAGE: Während meines Erdendaseins oder während meines Nicht-Erdendaseins?

TURYNA: Während deines Nicht-Erdendaseins.

Während deines Nicht-Erdendaseins kannst du in verschiedenen Seelenländern sein. Um zu lernen, um das Energiefeld deiner Seele zu vergrößern und zu verstärken, um dein Seelenfeld zu reinigen und zu heilen. Und auch, um die Entwicklung eines Seelenlandes mitzuerleben Denn alle 12 Entwicklungsstufen und alle 12 Dimensionen sind so verschieden. Wenn eure Seele in den anderen Seelenländern ist, bekommt sie auch eine ganz spezielle Kraft. Durch die Einweihungen, durch die Möglichkeiten, durch die Liebe.

FRAGE: Falls ein Baum so stark geschädigt ist, dass er gefällt werden muss: Wie können wir die Wesen dieses Baumes - die Devas und die anderen Wesen - darauf vorbereiten, damit für sie der Schock nicht so groß ist?

TURYNA: Indem ihr es mitteilt. Bevor ein Baum gefällt wird, sagt den Wesen und dem Baum 3 Tage vorher, dass sie einen anderen Ort aufsuchen sollen. Das ist sehr wichtig.

FRAGE: Liebe Königin, wir haben einen Apfelbaum in unserem Garten. Wir wären sehr froh, wenn du helfen könntest, dass dieser Baum Früchte trägt. Und könntest du bitte auch helfen, dass in unserem Garten alles andere gut wächst und gedeiht?

TURYNA: Es geht auch um eure Liebe. Wenn ihr dem Garten die Liebe schenkt, schenkt euch der Garten mit seiner ganzen Schönheit die Liebe zurück. Und das ist wunderbar.

FRAGE: Gibt es etwas, was wir in unseren Gärten und Plätzen für euch errichten können, woran ihr und alle Wesen, die hier bei uns sind, euch besonders erfreuen würdet? Skulpturen aus Holz oder Stein z.B.?

TURYNA: Das Wichtige ist, dass ihr einen Teil in eurem Garten nicht bearbeitet und das Gras dort so bleiben kann, wie es ist und einfach wachsen darf. Auch die Sträucher. Wenn ihr einen Teil des Gartens uns überlasst, ist das das größte Geschenk: einen Teil des Gartens wirklich für die Elfen, für die Feen, für die Zwerge, für die

Gnome, für die Trolle zu lassen - ohne irgendwelche Plastikzwerge aufzustellen. Wirklich einen Teil des Gartens komplett der Natur zu übergeben, das ist wunderbar.

FRAGE: In einem früheren Treffen habe ich gefragt, ob es Schutz für uns vor den H.A.A.R.P-Strahlungen gibt. Es kam die Antwort, dass wir wundervoller Weise das AnandaRa-Symbol gegen Umweltgifte einsetzen können.

Weißt du noch einen anderen Rat um mitzuhelfen, diese Energie zu transformieren?

TURYNA: Das Wichtige ist, Liebe zu schicken. Liebe, Liebe, Liebe. Eure Herzensliebe zu manifestieren für alle Beteiligten - für alle Menschen und für die Maschinen. Manifestiert das AnandaRa-Symbol und lasst die Kraft eures Herzens immer fließen für die Maschinen und für die Menschen, die daran beteiligt sind. Das ist das Allerwichtigste.

FRAGE: Also sollen wir die Liebe auch zu den Maschinen schicken? Zu den Maschinen-Devas?

TURYNA: Ja, zu den Maschinen - die das spüren. Wenn du eine Maschine mit Liebe beschickst, ist eine wundervolle Energie da. Und diese Kraft der Liebe kann vieles verändern!

*FRAGE: Das finde ich sehr interessant, weil wir ja wissen, dass jegliche Maschinen, ob es jetzt Autos oder Waschmaschinen sind, ihre Devas haben – und **diese** Maschinen natürlich auch.*

TURYNA: Und deshalb schickt ganz viel Herzensliebe überall dort hin!

FRAGE: Wir durften vorhin von König Tayumo Einblick bekommen in eure Einweihungen alle 9 Jahre. Mit 27 Jahren wird in die männliche und in die weibliche Energie eingeweiht, um eins zu sein. Wie ist das zu verstehen?

Geht es um eine Einweihung in eure Art von Sexualität oder in das erotische Prinzip? Der Gott Amor oder Eros hat sicherlich auch etwas mit euch zu tun... Geht es um diese Ebene?

TURYNA: 9 männliche Wesen sitzen im Kreis und derjenige, der eingeweiht wird, sitzt in der Mitte. Und 9 weibliche Wesen sitzen im Kreis. 3 Tage lang sitzen diejenigen, die eingeweiht werden, im Kreis, um diese Kraft übertragen zu bekommen. Die Kraft der Schönheit, die männliche und die weibliche Kraft zu vereinen, zu heilen und zu erkennen.

FRAGE: Hatte ich das vorhin falsch verstanden? Ich dachte, um die männliche Energie zu manifestieren bei einem jungen Mann von 27 Jahren, würden 9 Männer im Kreise sein, und um die weibliche Energie zu manifestieren bei einer jungen Frau, seien es 9 Frauen. Also nicht 18 Personen und männlich und weiblich zusammen, sondern 9 Männer für den jungen Mann und 9 Frauen für die junge Frau.

TURYNA: Ja.

ANTWORT: Dankeschön.

FRAGE: Im letzten Buch haben wir von der geistigen Welt die Pyramiden-Energien bekommen. Die Pyramiden wurden von uns aus der Gruppe auch schon fleißig gebastelt. Meine Frage bezieht sich auf die Klebstoffe, die ja zumeist chemisch hergestellt werden oder Bestandteile von Tieren enthalten. Was empfiehlt uns die geistige Welt? Was können wir als Ersatz für die gängigen Klebstoffe verwenden, um die Pyramiden herzustellen und sie noch energievoller werden zu lassen? Vielleicht etwas aus der Pflanzenwelt?

TURYNA: Nehmt Pflanzensaft: Kocht einen Brei aus Kletten. Das wirkt genauso. Und damit könnt ihr etwas zusammenkleben.

FRAGE: Wie soll die Zusammensetzung genau sein? Sollen die Kletten eingekocht werden, bis ein Brei entsteht?

TURYNA: Ja, ganz genau: Einkochen bis ein Brei entsteht. Das könnt ihr für alles andere auch verwenden als einen pflanzlichen Kleber.

FRAGE: Eben ging es um das natürliche Werden und Vergehen - auch für unser physisches Leben. In der neuen Energie soll es laut der geistigen Welt möglich sein, dass wir auch im physischen Körper unsterblich werden. Ist das jetzt schon möglich? Oder müssen dafür erst andere Wesen auf die Erde kommen, z.B. aus eurem Land? Oder müssen wir erst alle zusammen in der 5. Dimension schwingen?

TURYNA: Grundsätzlich ist es in jeder Dimension möglich. Das Hindernde ist nur, dass viele Menschen nicht daran glauben und dass die Information in euren Zellen nicht darauf ausgerichtet ist. Wenn du deine Zellinformation darauf ausrichtest – z.B. mit Hilfe der Pyramiden, mit Hilfe von Mantren, die ihr bekommen habt - dann verändert sich das. Dann kann die Kraft überall sein, in jeder Zelle. Es gibt auch schon viele Menschen bei euch auf der Erde im Himalaja, die weit über 300 Jahre alt sind - auf der Erde und in ihrem Körper.

FRAGE: Meine Frage bezieht sich auf die spirituellen Namen, die wir erhalten. Und zwar interessiert mich, welcher unserer Seelennamen dem Namen aus unserem Seelenland entspricht? Bleibt der Seelenname immer derselbe, oder kann er sich auch verändern?

TURYNA: Alle 12 Namen, die du mitbringst, stammen aus deinem Seelenland. Im Moment ist es sehr wichtig für euch, diese 12 Chakren auf der Erde zu erfahren -

diese 12-Chakren-Lehre ganz zu manifestieren und über das Wissen, das ihr bekommt, in Freiheit zu gelangen.

Es gibt natürlich noch viel mehr Chakren, noch viel mehr Energien um euch herum. Mit jedem Entwicklungsschritt, den ihr auf der Erde geht, verändert sich zum einen die Energie bei euch auf der Erde und in eurem Körper. Und es verändert sich auch die Energie eures höheren Selbstes – eures 12. Chakras. Und je höher ihr schwingt mit dem Licht und mit der Erde, desto höhere Verbindung bekommt euer höheres Selbst zu den höheren Chakren. Und dadurch kann sich der Name noch einmal verändern. Wenn dein höheres Selbst mit der Lichtebene des 25. Chakras verbunden ist, dann kann es der 25. Chakra-Name sein. Oder wenn es mit dem 230. oder dem 300. Chakra verbunden ist,...

ANTWORT: Das sind ja Aussichten!

FRAGE: Du sprachst eben darüber, wie man bei euch König oder Königin wird: durch Auswahl und durch Einweihung. Ich hatte vorher immer gedacht, dass man im Seelenland eine unbegrenzte Verweildauer hat.

Es muss dann ja einen Grund geben, warum du irgendwann mal als Königin abdanken wirst und es eine neue Königin geben wird. Sind das Altersgründe? Inkarnierst du dich auf einem Planeten oder machst du dann irgendetwas anderes?

TURYNA: Um diese Kraft zu erhalten, bedeutet das einen neunjährigen Einweihungsweg. Das ist nicht mal eben so eine Übertragung. Das ist ein neunjähriger Einweihungsweg, um diese Kraft halten zu können, um wirklich Entscheidungen zu treffen. Dafür sind die 9 Jahre sehr wichtig.

Wir wählen schon sehr früh die nächsten Könige und Königinnen aus. Und es ist sehr wichtig, dass wir mit den jungen Seelen kommunizieren und sie schon in unsere Beziehungen und in unsere Entscheidungen mit einbeziehen. Irgendwann kommt die Zeit, da der Ältestenrat und der Kinderrat die neue Energie bestimmen. Das ist nicht unsere Entscheidung. Und das ist das Wunderbare, so entsteht keine Macht. So entsteht ein wunderbares Miteinander von Herz zu Herz mit jedem Wesen.

FRAGE: Du sprachst eben von den vielen Chakren. Kann man sagen, dass das hohe Selbst – also das 12. Chakra – im Christusbewusstsein ist?

TURYNA: Das 12. Chakra **ist** das Christusbewusstsein, da euer höheres Selbst das Christusbewusstsein immer in sich trägt. Und euer höheres Selbst entwickelt sich doch auch weiter; es bleibt doch nicht stehen. Es geht weiter und weiter...

FRAGE: Ich möchte auch noch mal auf die überwältigende Aussicht der 300 Chakren zurückkommen. Das habe ich nicht so schnell verstanden.

Sind hier einfach die Möglichkeiten der Energietore gemeint, die sich öffnen, wenn sich mein Bewusstsein öffnet zu allem im All-eins-sein? Oder geht es wirklich um diese Linie, die sich in den Kosmos zieht?

TURYNA: Es geht um diese Linie hoch und hinunter zur Erde.

FRAGE: Ich habe noch eine Frage zur Sexualität. Ich weiß, dass dieses Thema ein „heißes Eisen" ist. Wenn ihr von der 12. Dimension sprecht, dann empfinde ich das als eine ganz feingeistige, fast dualitätslose Schwingung. Vielleicht liege ich da ja falsch.

Aber ich frage mich nach dem bisher Gesagten: Wie sieht da Sexualität oder Polarität bei euch aus? Magst du uns Einblicke geben?

TURYNA: Es gibt keine Polarität. Es gibt die Einheit. Und aus der Einheit werden Dinge geboren. Aus der Einheit entstehen kraftvolle Manifestationen. Es gibt keine Gedanken.

Es ist einfach pure Liebe. Und es ist sehr einfach, weil du mit allem verbunden bist. Mit allen Wesen bist du verbunden. Es gibt keine Trennungen mehr.

Sexualität ist nicht wichtig. Es geht um die Berührung des Herzens, um die Berührung der Liebe und um die Berührung der Leichtigkeit. Es findet nicht so eine Vereinigung statt, wie ihr euch das gerade auf der Erde manifestiert.

Es geht darum, mit der Kraft der Liebe die Herzen zu fühlen und die Herzen anzunehmen. Und aus diesem Sein entsteht die Liebeskraft - entsteht, dass neue Seelen eingeladen werden. Und das ist so kraftvoll.

ANTWORT: Vielen Dank. Das ist wunderschön.

FRAGE: Es gibt aber bei euch Männer und Frauen. Und es gibt Zeugung und Geburt der Seelen in eure Dimension. Gibt es das oder ist das ein Missverständnis?

TURYNA: Das gibt es.

FRAGE: Und trotzdem sind diese Männer und Frauen – sprich: diese Polarität - ganz anders als bei uns?

TURYNA: Sie ist gar nicht da.

ANTWORT: Aber sie ist ja doch da, wenn es Männer und Frauen gibt. Entschuldige, dass ich widerspreche. Männer und Frauen **sind** *doch die Polarität!*

TURYNA: Das meint ihr. Das meint ihr...

FRAGE: Stimmt das nicht?

TURYNA: Nein.

ANTWORT: Gut, dann lasse ich mich auch gerne eines Besseren belehren.

TURYNA: Es geht darum: Polarität ist die Anziehung. Wo kein Gedanke ist, ist auch keine Anziehung. Da ist einfach nur Liebe. Und das ist das Wichtige, dass ihr das auch auf der Erde umsetzen könnt. Wenn ihr diese Gedanken von Polarität entfernt, dann sind alle Menschen gleichberechtigt - jede Frau und jeder Mann. Und darum geht es.

ANTWORT: Vielen Dank für die Informationen.

FRAGE: Dadurch haben sich natürlich einige Fragen ergeben. Für mich hat sich ein Horizont des Daseins eröffnet: Es gibt also Seelenländer, in denen man zwischen den Leben – also zwischen den stofflichen Leben, die möglicherweise auf unterschiedlichen Planeten stattfinden können – für eine bestimmte Zeit verweilt.

Man kommt ursprünglich aus einem dieser Seelenländer, kann aber in einem Zwischenleben in ein anderes gehen.

In diesen Seelenländern gibt es männliche und weibliche Entitäten, die dann durch Liebe zueinander Seelen einladen. - Seelen woher?

TURYNA: ...aus anderen Seelenländern oder aus dem eigenen Seelenland. Es ist eine bewusste, eine ganz bewusste Entscheidung. Und wenn du in diesem All-eins-Bewusstsein bist, in dieser Kraft der 12. Dimension, brauchst du dich für eine Seeleninkarnation nicht mehr zu vereinigen, sondern es geschieht über das Herz. Und aus diesem Herzen heraus entscheidet sich auch eine neue Seele, geboren zu werden, die dadurch erst auch auf die Erde kommen kann, die erst den Zyklus in dem Seelenland erfährt, bevor es auf die Erde geht oder auf einen anderen Planeten.

FRAGE: Ich weiß nicht, wie ich das nennen könnte. Ich habe die Worte „die Qualität der Liebe" dafür, aber sie gefallen mir nicht wirklich.

Wie kann man diese Liebe von hier aus so erfahren, wie du sie jetzt schilderst, oder wie sie jetzt bei dir ist? Wie kann man sie erfahren?

TURYNA: Ihr habt sie alle in eurem 12. Chakra gespeichert und auch in jeder Zelle. Ihr könnt darum bitten, euch mit dem Seelenland ganz intensiv zu verbinden, euch mit eurer Kraft aus dem Seelenland zu verbinden, euch mit uns zu verbinden, damit ihr wirklich die Schönheit und die Liebe ganz und gar manifestieren könnt.

FRAGE: Ist es tatsächlich so, dass nur hier auf dem Planeten Erde dieses Experiment „Mensch mit freiem Willen" existiert und nirgendwo anders?

TURYNA: Den Menschen in dieser Form, so wie ihr jetzt hier seid, den gibt es nur auf der Erde. Ja.

FRAGE: Seit vorhin so intensiv über die Vielzahl unserer Chakren gesprochen wurde, hat sich bei mir auf der linken Seite ein Schmerz im Kronenchakra gezeigt, der jetzt so langsam herunterwandert.

Was bedeutet das? Hat das mit meiner Anbindung zum Kosmos zu tun, die vielleicht blockiert ist? Kannst du mir helfen, die Blockade aufzulösen?

TURYNA: ...die dadurch jetzt mehr aufgeht und mehr Kraft herein kommt und die dadurch viel mehr aufgeht. Lass es fließen. Lass es durch dich fließen. Trau dich. Lass es fließen!

FRAGE: Das Einladen der Seelen in euer Seelenland lässt mich noch immer nicht los. Ich komme z.B. ursprünglich aus Lemuria. Bin ich dort produziert worden als Seele oder von woanders hingeholt worden?

TURYNA: Deine Ursprungsseele kommt aus Lemuria. Doch durchläuft sie jedes einzelne Seelenland, bevor sie auf die Erde kommt.

FRAGE: Liebe Feen-Königin, es ist wundervoll, mit welcher Geduld du alle unsere Fragen beantwortest. Vielen Dank dafür.

Ich habe noch eine Frage zu den Reisen in andere Seelenländer: Wenn wir uns in einer anderen Ebene befinden oder wieder in unsere Seelenheimat zurückgekehrt sind, ist es uns da völlig freigestellt zu reisen, oder gibt es dort auch „Dienstreisen, Aufträge oder Pflichten"? Oder ist es so, dass man alle Seelenländer bereist haben muss?

TURYNA: Bevor du zum ersten Mal auf der Erde inkarnierst, durchläufst du alle Seelenländer. Das ist eine Pflicht. Bevor du das erste Mal inkarnierst, bekommst du **alle** Einweihungen aus **allen** Seelenländern, um dann mit dieser Kraft und mit dieser Liebe auf die Erde zu reisen.

FRAGE: Also alle, die wir auf der Erde sind, sind bereits in allen Seelenländern gewesen. Aber es könnte durchaus passieren, dass wir hier oder dort „hängen bleiben", weil es uns so gut gefällt? Ist es uns freigestellt?

TURYNA: Wenn du dich entscheidest, auf die Erde zu kommen, bleibst du nicht in irgendeinem Seelenland hängen. Du willst ja auf die Erde. Und deshalb durchläufst du in einem sehr intensiven Programm alle Seelenländer, um dann für die Erde da zu sein.

FRAGE: ...eine Ausbildung also?

TURYNA: Ja, es ist eine Ausbildung.

FRAGE: Ich möchte noch einmal auf das Thema Sexualität zurückkommen. Bei Aura Soma entspricht die Flasche Nr. 84 der Energie der „Integrierten Liebenden" oder der „erlösten Form der Liebenden" - eine Form, in der männlich und weiblich einander respektieren und anerkennen. Durch dieses Sich-Erkennen und Gleichberechtigt-Sein kann auch die Energie verschmelzen, so dass ich da durchaus die „Qualität der Liebe" - wie es vorhin bezeichnet wurde - auf der Erde sehe, nur dass sie durch die Körperlichkeit noch besonders entfacht wird. Also ich sehe da gar keinen Widerspruch.

Die Seelen werden durch die Liebe gerufen. Aber trotzdem geht es darum, dass eine andere Form der Sexualität gelebt wird. Das ist kein Widerspruch zur Polarität.

TURYNA: Es geht in unserer Dimension aus dem Feen- und Elfenland um die Vereinigung der Energiefelder, um die Vereinigung der Aura – wie ihr es auf der Erde nennt, um die Vereinigung der Lichtenergiefelder. Das ist das stärkste Energiefeld: mit einem Menschen, mit einem

Wesen gemeinsam zu manifestieren. Und durch diese Vereinigung der Energiefelder wird eine neue Seele geboren. Aus Liebe. Manifestiert diese Liebe auch auf der Erde.

Lebt euer Leben. Genießt euer Leben.
Und entdeckt in jedem Atemzug die Schönheit,
in der ihr geboren seid.

Ich bin mit euch auf eurem Weg in die Freiheit.
Nehmt es dankbar an.

Botschaft von Svahara, einer Königin aus dem Wal- und Delphinland

Meine geliebten Freunde,

das Bewusstsein von Svahara ist mit euch.

Es ist ein tiefer Prozess, in dem die Erde sich befindet. Und ihr dürft nicht aufhören, an euch und an das Gute im Leben zu glauben.

Denn es geht immer mehr um Erlösung, um Frieden und um Erleichterung. Und dass ihr euer Leben wirklich lieben dürft, es annehmen dürft und euch in der Einheit erkennen dürft. In der Einheit.

Setzt die Kraft des Friedens für alle Menschen und für jedes Lebewesen ein. Verzweifeln führt zu nichts auf der Erde. Nutzt die Kraft, die frei wird, um zusammen das neue Feld zu kreieren.

Im Land der Wale und Delphine gibt es nicht wie in den anderen Seelenländern alle 7 Jahre eine Einweihung. Im Land der Wale und Delphine ist jeder Moment eine

Einweihung. Es geht darum, die Energie zu leben und die Energie von Freiheit auszudrücken und das Miteinander und die Gemeinschaft zu feiern. Jeden und jedes Lebewesen zu achten. Den Jüngsten und den Ältesten wirklich zu achten, ihn anzuerkennen und ihn in seiner Kraft zu stärken. Und das sind die Einweihungen in unserem Leben: die Anerkennung eines jeden und die Achtung, die Achtsamkeit und die Bereitschaft zu dienen.

In unserem Wal- und Delphinland geht es um die Begegnung und darum, einander an allem teilhaben zu lassen.

Und der Raum der Stille ist der Raum der Begegnung.

Gibt es Fragen?

FRAGE: Vielen Dank für deine kraftvollen und aufrichtenden Worte. Sie sind für mich so etwas wie ein Licht in der Dunkelheit im Moment.

Bist du für dein Seelenland so etwas wie eine Königin?

SVAHARA: Ich bin für die Wesen aus dem Wal- und Delphinland gewählt, sie zu vertreten und diese Botschaft auf der Erde zu verkünden. Alle Wesen aus dem Wal- und Delphinland sehen mich als Königin und Meisterin an.

FRAGE: Wie sehen die Wesen bei euch aus? Werden die Königin und der König gewählt und wechseln sich ab, oder bleiben sie für immer und ewig?

SVAHARA: Wir aus dem Wal- und Delphinland lieben das Wasser sehr. Wir haben sehr viele Seen und Flüsse, sehr viel klares Wasser, aber auch sehr viele Berge. Und wir lieben das Grün. Es ist alles sehr groß im Gegensatz zu eurer kleinen Erde, weil es in der 12. Dimension ist. Wir werden von der vorherigen Königin und dem König ausgesucht. Die Königin und der König entscheiden gemeinsam über alle Bereiche.

FRAGE: Könntest du mir bitte erklären, was du genau meinst, wenn das sagst: Der Raum der Stille ist der Raum der Begegnung?

SVAHARA: In der Stille findet die größtmögliche Begegnung statt. Die Wahrnehmung ist in der Stille am größten, das Hören und das Sein. Die Öffnung ist in der Stille am größten. Und wir haben Zeiten der Stille, wo es um die Begegnung mit sich selbst geht.

FRAGE: Ist dein Erscheinungsbild für uns Menschen vergleichbar mit einem Orka?

SVAHARA: Mit einem Buckelwal.

FRAGE: Du hast mal gesagt, dass die Wale und Dephine für die Sauberhaltung der Meere zuständig sind. Viele Menschen träumen von fliegenden Walen. Reinigen sie vielleicht auch die Luft?

SVAHARA: Wenn die Meere klar sind, dann ist auch eure Luft viel klarer. Und dadurch können viele Menschen uns in der Luftdimension wahrnehmen. Wenn wir das Wasser klären, klären wir die Luft. Und mehr als zu allen Zeiten davor klären und reinigen wir und halten das Meer und das Wasser in Schach.

Wenn das Meer euch diesen Dreck zurückgeben würde, den ihr Menschenkinder im Meer versenkt, würde nicht viel übrig bleiben vom Leben.

Deshalb ist es so wichtig, dass ihr in aller Achtsamkeit weitergeht für euer Leben und in Kontakt seid mit vielen Menschen und allen Lebewesen, um das Herz wieder zu öffnen.

FRAGE: Sind das Wasser unseres Planeten und auch die Wale und Delphine ursprünglich vom Sirius gekommen?

SVAHARA: Die Wesen sind ursprünglich aus der Kraft des Sirius entstanden. Auch das Wasser ist durch den Besuch von Sirianern auf der Erde entstanden.

FRAGE: Sind die hiesigen Wale und Delphine mit euch stark verbunden und sehen sie euch sehr ähnlich?

SVAHARA: Wir stehen in sehr tiefem, engem Kontakt zu jedem Wal und Delphin auf der Erde. Und auch zu jeder Seele aus dem Wal- und Delphinland, die in einen menschlichen Körper gegangen ist, stehen wir in sehr engem Kontakt.

FRAGE: Du sprachst davon, dass ihr das Wasser so sehr liebt. Habt ihr vielleicht Masaru Emoto zu seinen Forschungen und Abbildungen der Wasserkristalle inspiriert, oder kommt das aus einer anderen Sphäre?

SVAHARA: Es ist durch unsere Inspiration entstanden. Wir haben ihn immer zu der richtigen Situation geführt, um ein Bewusstsein in euch zu kreieren, wie wichtig und wertvoll das Wasser ist – auch als Informationsträger. Ja.

FRAGE: Wenn ich mit den wundervollen Symbolen von Erzengel Michael arbeite, spüre ich sehr stark, dass das Wasser die Kraft und Energie sofort annimmt.

Der Rhein hat – wie jedes andere Gewässer auch – einen sogenannten Wasserkreis, eine Wasseraura. Durch das Auslegen der Symbole von Erzengel Michael und dem AnandaRA-Symbol oder auch durch das geistige Manifestieren der neunseitigen Pyramiden in diesem Wasserkreis geht die energetische

Information durch den ganzen Rhein bis zur Waal – wie der Rhein ja in den Niederlanden interessanterweise heißt –, durch die Nordsee in den Atlantik zu den Walen und Delphinen.

Wie kommt diese Energie bei euch an, die ich ständig zu euch sende?

SVAHARA: Es ist eine wundervolle kraftvolle Energie. Je mehr Menschen diese Segnungen praktizieren so wie du, desto kraftvoller wird das Zusammensein und desto achtsamer dürft ihr mit dem Wasser umgehen.

Unsere Brüder und Schwestern auf der Erde fühlen die Verbindung zu dir sehr stark. Sie geben dir die Kraft, weiterzumachen.

ANTWORT: Ich mache weiter, auf jeden Fall.

FRAGE: Ich habe eine Frage zum Wasser in unseren Schwimmbädern. Warum wird dieses Wasser mit Chlorgas behandelt? Geht es wirklich nur darum, die Keime und Bakterien abzutöten? Oder gibt es einen anderen Hintergrund?

SVAHARA: Chlor schwächt euer Immunsystem. Es schwächt eure Organe. Und Chlor verändert die Drehgeschwindigkeit der Chakren. Wenn ihr in Schwimmbäder geht, so achtet darauf, dass ihr euch nicht durch das Chlor vergiften lasst. Denn es setzt sich auch in euren Zellen ab.

FRAGE: Wie lang sind die Tage und Nächte bei euch?

SVAHARA: 1 Tag bei uns sind auf der Erde 600 Jahre. Und eine Nacht bei uns sind auf der Erde 300 Jahre.

FRAGE: Wenn wir uns vor Chlor schützen wollen, können wir dann die Larimar-Energie einsetzen?

SVAHARA: Ja.

FRAGE: Werden Fischer auch von euch inspiriert?

SVAHARA: Ja, dass sie nicht mehr fangen, dass sie damit aufhören und nicht mehr dieses Massensterben der Fische anrichten. Das ist unsere Inspiration. Wir inspirieren nicht zum Fischen, denn es geht darum, friedlich und achtsam mit allen Lebewesen auf der Erde zu leben. Beim Fischfang geht es nur um Macht, Gier und Geld; und der Lebensraum der Wale und Delphine wird immer mehr eingeengt. Das ist nicht förderlich für uns.

FRAGE: Sollten alle aufhören zu fischen oder gibt es auch Seelen, die weiter fischen dürfen?

SVAHARA: Es bräuchte niemand zu fischen auf der Erde. Schaut euch die Meere an: Sie sind fast leer. Es braucht niemand zu fischen.

FRAGE: Liebe Svahara. Ich war vor einigen Jahren in Australien und durfte Kontakt mit den Delphinen aufnehmen. Das war für mich eine ganz besondere Erfahrung. Vielen Dank, dass ich diese Begegnung erleben durfte.

Ein paar Tage später im Norden in einem Gebirge mit starken Verwitterungen spürte ich eine sehr große Trauer und hatte die Vision, euch aus dem Wal- und Delphinland – und vor allem dich, Svahara - zu rufen. Ich hatte den Eindruck, dass ich eine energetische Brücke bauen konnte.

Die Frage, die sich jetzt anschließt: Wenn Not auf der Erde auch außerhalb des Wassers ist, können wir euch da ebenso um Hilfe bitten? Ich hatte jedenfalls in dem Moment den Eindruck, dass euer Energiefeld weiter reicht.

SVAHARA: Ihr könnt euch in jeglicher Situation mit Svahara verbinden. Wir tun alles, was in unserer Kraft liegt, dass ihr auf der Erde, mit der Erde und mit jedem Lebewesen auf der Erde weiter leben dürft. Denn ihr seid uns wichtig.

FRAGE: Es gibt viele Heilquellen auf der Erde. Eine davon ist im Sauerland, in Nordenau. Durch welche geistige Wesenheit ist diese Quelle beseelt?

SVAHARA: Durch Jesus.

FRAGE: Unsere Ernährungswissenschaftler empfehlen uns, Fisch zu essen, weil er für den Menschen sehr gesund sei. Sage uns bitte, was an dieser Aussage nicht stimmt.

SVAHARA: Hinter allem steckt doch auch oft eine Absicht. Es geht darum, dass ihr euch bewusst werdet, dass ihr auf der Erde glücklich mit jedem Tier und jeder Pflanze leben dürft.

Was bedeutet das, wenn ein Tier für dich stirbt, ein Tier für dich umgebracht wird, damit du einen Genuss davon hast? Wie kannst du ein Tier genießen, das für dich umgebracht wurde? Das funktioniert nicht mehr.

Deshalb: Glaube nicht an solche leeren Worte, um euren Verstand zu befriedigen. Denn euer Herz wird damit nicht befriedigt – nur euer Verstand.

FRAGE: Wie sieht es mit den Algen-Produkten aus. Sind die gut für uns Menschen?

SVAHARA: Es ist nicht förderlich, sie immer zu nehmen und über Jahre hinweg zu konsumieren. Aber von Zeit zu Zeit eingenommen, bringen sie euch in ein neues

Gleichgewicht, um euch zu entsäuern und euch wieder lebendiger zu machen. Lebendiger auf der Erde.

FRAGE: Ich grüße dich, Svahara. Du hast eingangs davon gesprochen, wie wichtig es ist, mit dieser Energie ein neues Feld zu kreieren.

Was wünscht ihr euch aus dem Wal- und Delphinland? Welche Qualitäten sollen in dieses Feld einfließen?

SVAHARA: Die Qualitäten von bedingungsloser Liebe, von einer Freude, wie die Kinder sich freuen. Die echte Freude.

Es geht um das Dienen und um die Gemeinschaft. Gemeinschaft bedeutet, dass die Liebe zwischen allen gemeinsam fließt und dieses gemeinsame Fließen ist die größte Heilung für euch Menschen. Nicht mehr dieses Getrenntsein, sondern das Zusammenfließen. Und gebt euch ganz hin diesem Zusammenfluss und der Erneuerung.

Und glaubt nicht so sehr an das Wissen der Wissenschaft. Glaubt an euch, an euer Herz, an eure Seele.

FRAGE: Ich kann verstehen, dass es nicht angeht, Fleisch und Fisch nur um des Genusses willen zu konsumieren. Du hast anfangs gesagt, es geht bei euch darum, das Größte und das

Kleinste anzuerkennen und zu würdigen. Leben ist in Pflanzen und Tieren gleichermaßen. Deshalb erkenne ich nicht, warum es okay ist, Pflanzen zu verzehren, und nicht okay ist, Fleisch zu essen – wenn mein Körper mir das signalisiert und ich es in Dankbarkeit esse. Ich denke, das ist auch in Ordnung, wenn ich das im richtigen Bewusstsein tue.

SVAHARA: Die größten Tiere auf der Erde sind Vegetarier. Die Elefanten leben von Pflanzen. Grauwale, die 21 bis 30 Tonnen schwer sind, leben von Plankton.

Es geht uns nicht darum, irgend jemandem auf der Erde etwas zu verbieten. Ihr habt alle euren freien Willen. Und es geht um das Bewusstsein. Aber in dem Maße, in dem auf der Erde das Fleisch der Tiere konsumiert wird, macht es euch krank – wie ihr seht. So viele Menschen auf der Erde sind krank durch die Ernährung.

Bei einigen Indianerstämmen wird der große Geist des Büffels angerufen, damit sich ein Tier opfert, um den Menschen zur Nahrung zu dienen. Die Menschen nehmen dieses Opfer dankbar an, nähren sich von dem Fleisch und verwenden alle Teile dieses Tierkörpers, den die Seele des Tieres zur Verfügung gestellt hat. Dann hat es eine ganz andere Kraft und ein ganz anderes Bewusstsein. Aber in dem Maße, wie Fleisch bei euch konsumiert wird, ist es sehr bedenklich.

Spürt in diese Kraft der Stille.

Da sind eure ganzen Erkenntnisse über viele Leben gespeichert. Nutzt diese Kraft, eure Erkenntnisse wieder zu erlangen. - Dann seid ihr auf einer guten Reise auf der Erde.

Svahara grüßt euch.

Und lasst euch immer tiefer auf die Kraft ein,
die in eurem Herzen ist.

Botschaft von Takato, einem König aus dem Wal- und Delphinland

Meine geliebten Freunde,

das Bewusstsein von Takato – einem König aus dem Wal- und Delphinland – ist mit euch.

Ihr seid alle wunderbare Menschen. Euch zu sehen, macht Mut, dass die Menschenkinder es doch noch schaffen, Frieden zu schließen mit der Erde, mit dem Leben.

Es ist zum ersten Mal, dass ich in dieser Form die Erde spüre, dass ich in dieser Form einen Körper spüre. Weitet euch aus! Beschränkt euch nicht in euren Gedanken; beschränkt euch nicht in eurem Leben. Lebt eure ganze Seelenkraft, die ihr alle in euch tragt. Breitet euch aus. Denn wenn ihr euch ausbreitet und die Kraft nutzt, dann seid ihr von nichts mehr abhängig. Wie schön euer Planet Erde wirklich ist, wenn ihr euch wieder an euer ganzes Seelenpotenzial erinnert!

Es geht wirklich um die Weite: Die Weite von Mutter Erde anzunehmen und zu erfahren. Lasst euch nicht mehr einengen durch Ängste, durch Horror-Katastrophen – die wir im Moment sehr stark wahrnehmen auf dem Erdfeld. Befreit euch davon, breitet eure Seelenkraft aus. Entdeckt euch neu.

Ich bin heute hierhergekommen, um euch teilhaben zu lassen an dieser Kraft, die es im Wal- und Delphinland gibt. An dieser Schönheit, und was es bedeutet, die ganze Seelenkraft auszubreiten.

In unserem Land geht es sehr stark um den Frieden, denn die Seele ist Frieden. Die Seele ist friedlich. Und wir wollen euch an diesem Frieden teilhaben lassen, an diesem Seelenfrieden und an den Möglichkeiten, die ihr damit habt, euch auszubreiten und auszudehnen. Euer Feld auf der Erde, auf eurem Planeten zu manifestieren. Was habt ihr für Möglichkeiten, diese Enge in Weite zu transformieren!

Und dieser Frieden ist sehr bedeutsam für euren Planeten und für euch. Doch euer Verstand und eure Erfahrung lassen diesen Frieden nicht zu. Aber wenn ihr euch wirklich mit eurem ganzen Seelenpotenzial verbindet, ist der Frieden da.

Als wir damals das Tor für die Erde geöffnet haben, um den Strahl des Friedens auf die Erde zu richten, ist etwas Großes passiert. Und die Seelen, die jetzt auf die Erde gekommen sind vom Wal- und Delphinland, sind die Friedensbringer auf der Erde. Sie bringen unsere Schönheit mit von Frieden, von Gerechtigkeit, von Spielen, wo es keinen Verlierer und keinen Sieger gibt.

Und lasst euch wirklich durch nichts abhalten, eure Vision auf die Erde zu bringen und eure Liebe und euren göttlichen Glanz, den ihr alle mitgebracht habt, tatsächlich zu leben. Denn die Erde spiegelt euch immer ihren göttlichen Glanz, immer.

Ich spüre so viel Schmerz in den Menschen, wenn ich das Feld öffne, und so viel Verzweiflung. Dehnt euch aus! Schafft euer Feld auf der Erde! Und mehr und mehr kann geschehen.

Lasst euch nicht aufhalten von dieser kollektiven Frustration. Lasst euch davon nicht aufhalten, weiter eurem Herzen zu folgen. Wir wissen, dass es oft schwer ist für euch auf der Erde. Lasst es nicht zu. Dehnt euch aus, und lasst das Feld dieser kollektiven Frustration nicht an euch heran. Das ist sehr wichtig.

Wenn sich euer Feld ausdehnt – euer Energiefeld, euer Seelenfeld –, dann wird es still um euch herum.

Seitdem wir den Friedensstrahl auf euren Planeten Erde gerichtet haben, konnte sich viel verändern. Es wurde auch vieles abgewehrt. Viele Neuerungen haben stattgefunden. Es entsteht etwas Neues dadurch und das Alte wackelt.

Gibt es Fragen?

FRAGE: Lieber Takato, ich grüße dich und danke dir für deine wundervollen Worte.

Was mich jetzt die ganze Zeit bewegt hat: Wie kann ich meine Seelenkraft ausdehnen und mich ausweiten und mein Feld auf der Erde kreieren. Gibt es dafür eine Übung?

TAKATO: Das Wichtige ist, dass du erst einmal dein Feld wahrnimmst. So wie du diese Energie aus dem Wal- und Delphinland wahrnimmst, nimmst du dein eigenes Feld wahr, dein Energiefeld, deine Seelenkraft. Mit deiner Seelenkraft in Kontakt kommen und sie einladen, ganz durch dich zu schwingen, bis du immer tiefer deine Kraft spürst. Und mit dieser Seelenkraft erweitert sich dein Feld von ganz alleine. Doch das Wichtige ist, dass du die Seelenkraft bittest, durch jede Zelle deines Körper zu strahlen. Und durch dieses Feld des Friedens erfährst du

Frieden in deinem Leben. Denn die Seele ist Frieden. Keine Seele sucht sich aus zu kämpfen.

FRAGE: Gibt es im Erdinneren auch physische Lebewesen, die für uns als Menschen mit unseren physischen Augen erkennbar sind? Und: Befindet sich unter dem Meeresboden noch ein Meer, aus dem z.B. „Nessie" des öfteren seinen Kopf herausstreckt?

TAKATO: Es gibt noch ein Meer unter dem Meer. Oh ja, das gibt es. Die Erdinnenbewohner wollen immer mehr mit euch in Kontakt treten und wollen euch immer mehr ihre Existenz zeigen. Und ihr werdet es spüren: Wenn ihr eure Seelenkraft ausweitet, wenn ihr euer Feld ausdehnt, dann habt ihr viel mehr Kontakt zu dem, was nicht in der materiellen Form auf der Erde existiert. Seit wir diesen magentafarbenen Strahl geöffnet haben, haben sich die Manifestationen von Nostradamus erlöst. Bis dahin sind seine Voraussagen wahrgeworden. Mit dem Friedensstrahl hat sich dies erlöst für euch auf der Erde.

FRAGE: Zuerst möchte ich mich ganz herzlich bedanken für die wundervolle Energie, in die wir eintauchen durften! Sie erfüllt mich von ganzem Herzen.

Während du von dem Ausweiten unserer Energien sprachst, saß ich auf meinem Platz und hatte meine Handflächen nach oben geöffnet. Es entstand ein Dreieck zwischen dem 3. Auge und den beiden Handchakren. Ich habe dann die Arme ausgeweitet und währenddessen hat sich mein Energiefeld um meinen Körper ausgeweitet.

Habe ich das richtig wahrgenommen? Wenn ja: Wäre das eine Hilfestellung für uns Menschen, um unser Energiefeld auszuweiten und es besser zu spüren?

TAKATO: Das ist eine gute Kraft, wenn ihr dieses Dreieck nutzt, um euch in diese Schwingung zu bringen, und sich dann diese Kraft unendlich ausdehnen darf. Es ist wichtig, das Dreieck nicht wieder zu einer Begrenzung werden zu lassen, sondern weiterzugehen und es auszudehnen. Es ist eine Hilfestellung, um diese Präsenz zuerst zu fühlen.

Mit dieser Kraft, die ihr heute erfahrt, habt ihr den wundervollen Segen für euch und für die Erde. Denn diese Kraft des Friedens bringt ganz viel Heilung, bringt ganz viel Neues und erlöst die alte Dimension mit Liebe.

Es wäre so schade gewesen, wenn die Erde damals durch die Katastrophe in Tschernobyl unbewohnbar geworden wäre. Doch es gibt so viele Lichtwesen, so viele Planeten - materieller und nicht-materieller Art -, die die Erde und alle Lebewesen schützen.

FRAGE: Können wir den Friedensstrahl selbst direkt durch unsere Absicht auf die Erde bringen? Oder ist es besser, wenn wir die geistige Welt darum bitten, ihn auf die Erde zu bringen? Gibt es da einen Unterschied? Seit wann ist dieser Strahl auf die Erde gerichtet?

TAKATO: Seitdem diese atomare Katastrophe auf der Erde stattgefunden hat, seitdem haben wir den Strahl auf die Erde gerichtet. Ihr dürft diesen Friedensstrahl rufen.

In bestimmten Situationen dürft ihr den Strahl aus dem Wal- und Delphinland einsetzen, wann immer ihr es braucht.

Lasst diesen Frieden in eurem Herzen sein.
Alle Wesen aus dem Wal- und Delphinland
schützen euch und die Erde.

Botschaft von Ankata, einer Königin aus dem Seelenland Sirius

Die Königin Ankata grüßt euch.

Wir sind froh, mit euch in Kontakt zu treten und sehr glücklich, dass die Möglichkeit jetzt in Erfüllung geht, so mit euch zu kommunizieren.

Ihr alle seid Lichtphotonen. Jede Zelle ist ein Lichtphoton. Ihr seid ein wandelndes Kraftwerk aus wunderbarer Energie der Liebe. Jeder von euch könnte in seinem vollen Potenzial eine Lampe zum Glühen bringen. Jeder. Macht euch das bewusst! Und denkt nicht, dass ihr klein seid.

Ihr braucht ein bisschen Sauerstoff hier. Es ist so dicke Luft auf der Erde. Da machen wir doch ein bisschen Sauerstoff hier in den Raum, damit ihr besser atmen könnt.

Jetzt wird es klarer, viel klarer hier im Raum und auf der Erde. Das ist reiner Sauerstoff vom Sirius; das ist der klare Sauerstoff vom Sirius. Wenn ihr diesen klaren Sauerstoff immer in euren Zellen habt, dann seid ihr diese Lichtphotonen. Doch wenn euch immer mehr Sauerstoff auf der Erde genommen wird, bricht alles zusammen.

Ihr braucht viel mehr reinen Sauerstoff! Es gibt eine Formel für diesen Sauerstoff. Sie lautet

Q + Q = M

Wenn ihr die Formel manifestiert, dann habt ihr diesen Sauerstoff vom Sirius. Ihr könnt in jedem Raum diese kraftvolle Sauerstoffenergie manifestieren, so wie wir sie hier gerade mit dieser Formel aufgebaut haben. Bei uns funktionieren die Techniken alle mit dieser Sauerstoffenergie, denn das ist Leben.

Es geht darum, die Kraft der Dinge einzusetzen und wirklich zu nutzen – dieses Potenzial eurer Zellen voll zu nutzen. Dies geschieht nur mit 100 % Sauerstoff. Alles geschieht mit 100 % Sauerstoff; denn der ist überall vorhanden. Und die Formel für diesen Sauerstoff ist Q + Q = M. Ihr könnt es sofort in diesem Raum spüren, wie sich die Luft verändert.

In unseren Phasen der Entwicklung in unserem Seelenland durchreisen wir viele Einweihungen. Die Seelen bekommen viele Einweihungen. Dies ist die erste davon, diesen reinen Sauerstoff überall zu manifestieren und ihn überall und in jeder Zelle zur Verfügung zu haben. Spürt hinein, was diese Einweihung mit euch macht – wie sich eure Zellen mit Sauerstoff anfüllen.

Durch den Sauerstoffmangel bei euch auf der Erde haben zur Zeit viele Menschen Haarausfall. Das ist eine sehr starke Ursache des Haarausfalls: der Sauerstoffmangel.

Eine weitere Einweihung ist, mit den Pflanzen und Tieren zu sprechen. Sie wirklich zu verstehen und sich mit ihnen auszutauschen. Sie zu hören und sie wahrzunehmen. Spürt die Kraft, die da ist. Denn diese Kraft, mit der Pflanzenenergie zu kommunizieren, ist ein großes Geschenk.

Die Pflanzen und die Tiere und alle Menschen werden es euch danken, wenn ihr mehr und mehr diese Sauerstoff-Formel benutzt, damit sich wirklich der Sauerstoff wieder vermehrt auf der Erde.

Dann gibt es eine Einweihung, durch die wir mit der Technik vertraut gemacht werden, die höchste freie Energie zu kanalisieren, um uns auch weiter immer wieder in eine neue Kraft zu bringen. Dieses Wissen werden wir auch jetzt mehr und mehr für euch auf der Erde manifestieren. Ihr alle könnt diese freie Energie kanalisieren. Jede Zelle kann diese freie Energie kanalisieren. Denn die freie Energie ist schon lange in eurem Körper. Über die freie Energie kommunizieren die Zellen in eurem Körper durch Licht. Dieses Licht könnt ihr nutzen. Spürt hinein, wenn wir durch Natara jetzt diese freie Energie zu euch senden.

Eure Organe beginnen wieder zu vibrieren und zeigen, dass sie leben und sich spüren können. Alles beginnt zu vibrieren mit dieser freien Energie. Es ist wunderbar, euch jetzt zu sehen: Wie alles durchleuchtet und durchlichtet wird und wie die Kraft immer mehr da ist.

Entdeckt jetzt das neue Feld, das hier in euch kreiert wurde. Und seid euch bewusst, dass dies der Anfang einer neuen Dimension ist, die wir für euch und jedes Erdenkind bereitstellen!

Doch das Wichtige ist, dass ihr die Bereitschaft habt, mitzugehen in eine neue Dimension eures Körpers, wodurch ihr Zugang habt zu vielen Ebenen. Wirklich mit dieser freien Energie verbunden zu sein bedeutet, dass sich alles noch einmal verändern wird. Denn diese Energie bringt Bewegung – Bewegung statt Stillstand.

Ankata grüßt euch aus dem Reich des Sirius. Wir werden euch beim nächsten Treffen noch mehr Instruktionen geben und euch mitteilen, wie ihr lernen könnt, mit den neuen Energien umzugehen - und was ihr damit alles manifestieren könnt.

Botschaft von Lukany, einem König aus dem Seelenland Sirius

Meine geliebten Freunde,

das Bewusstsein von Lukany ist mit euch.

Es ist ein großes Geschenk, euch hier zu begleiten und mit euch zu sein. Dass ihr uns empfangt und die Kraft annehmt, die wir auf die Erde bringen und dass ihr euch auf eine neue Energie einlasst, um den Frieden in jedem Lebewesen zu manifestieren.

Gebt die Dinge, die euch wichtig sind, niemals auf! Sondern lebt jeden Augenblick mit dem Moment der Liebe. Denn ihr behütet mit dieser Liebe euer Leben und das Leben eurer Kinder und eurer Nachkommen. Die Kraft des Sirius, die wir hier auf der Erde jetzt manifestieren, ist die Kraft der Entwicklung und der Erneuerung und auch die Kraft der unendlichen Fülle und Liebe.

Warum leben so viele Menschen zurzeit bei euch auf der Erde im Mangel? Weil die Erde ausgebeutet wird und weil das ein Spiegel ist. Weil die Erde kaputtgemacht wird. Und das überträgt sich auf euch Menschen. Deshalb lasst es nicht länger zu!

Die Kraft von Q + Q = M erneuert auch die Erde, erneuert Mutter Erde – euren Planeten der Liebe. Macht sie wieder zu einem Paradies!

Ihr braucht gar nicht darum zu kämpfen. Es geht um den Frieden und darum, die Kraft einzusetzen.

Q + Q = M bedeutet: Der Kosmos ist das erste Q. Die Verbindung zu allem, was im Kosmos existiert, ist das zweite Q. Das M ist die Verwirklichung und der Friede miteinander.

Die Kraft von Q + Q = M verbindet und lässt das Neue erschaffen. Ihr könnt diese Kraft auch nutzen, um euren Stromverbrauch zu senken. Denn es ist das Verbindende, was die Liebe ausmacht. Es ist alles so einfach. Lasst diese Einfachheit zu!

Es ist sehr wichtig, euch Menschen davon zu erzählen, wie schmerzhaft es für Mutter Erde ist, dass ihr so viel Lebensraum genommen wird. Ihr habt alles in der Hand, um gemeinsam mit Mutter Erde zu sein.

Um diese Verbindung der grenzenlosen Energie des Kosmos zu kanalisieren und euch an dieser grenzenlosen Energie bedienen zu können, ist es sehr wichtig, dieses Q + Q = M anzuwenden. Und meditiert mit dieser Kraft! Nutzt sie!

Eine andere sehr wichtige Formel in unserer sirianischen Energie ist

$$M + M = Q.$$

Das ist auch die Kraft zu erschaffen und die Kraft zu manifestieren. Und aus diesem Frieden ist das ganze Universum aufgebaut. Nehmt mal wahr, was dieses M + M = Q mit euren Zellen macht, wenn wir es euch einschwingen.

Gibt es Fragen?

FRAGE: Als erstes habe ich eine Frage zu den Seelenländern allgemein bzw. zu der Namensgebung: Es gibt 3 Seelenländer, die astronomisch/astrologische Entsprechungen am Himmel haben: Sirius, Orion und Plejaden.

Wenn wir nach oben schauen, sehen wir, dass Sirius, Orion und Plejaden sehr nah zusammenstehen – Sirius im Großen Hund – daneben Orion – daneben die Plejaden im Sternbild des Stieres.

Gemäß den babylonischen Entsprechungen steht Orion für Osiris, die Plejaden und Stier für den alten babylonischen Gott Enlil. Wenn man auch alte Schriften der Dogon zitiert, entspricht Isis - also Ishtar - dem Sirius.

Die geistige Welt sagt immer wieder, die Seelenländer haben nichts mit den „Orten" Sirius, Orion oder Plejaden zu tun. Trotzdem wird es ja einen Grund gegeben haben, diese Namen zu wählen.

Daher möchte ich dich fragen, ob du uns erklären kannst, wie diese Namensgebung zustandegekommen ist?

LUKANY: Die Sonne Sirius ist entstanden, weil viele Sirianer, die in unserem geistigen Land leben, die Erfahrung der Materie erleben wollten. Und somit hat der Göttliche Rat beschlossen, ein Erfahrungsfeld für die Kraft der Sirianer zu manifestieren. So ist diese Sonne entstanden, wo sich viele sirianische Seelen vorbereiten, bevor sie auf anderen Planeten inkarnieren.

In unserer Dimension herrscht die Zeitlosigkeit, und die Energie der Materie ist nicht spürbar. Deshalb ist es auch für mich ein sehr großer Prozess, mit diesem Körper zu sein und diese Enge zu spüren.

FRAGE: Sirius B gilt als sehr schwer. Liefert er vielleicht auch die Materie für die Erde, damit die Erde das Stoffliche überhaupt erfahren kann?

LUKANY: Wie ich schon sagte: Es ist ein Planet, der die erste Kraft der Materie für die Sirianer hat. Und die sirianische Energie speist auch die Erdenergie. Um leichter zu werden, nimmt sie auch Erdenergie nach oben in den sirianischen Raum. Das ist ein ständiger Austausch. Dieser Austausch ist sehr wichtig für euch und Mutter Erde, damit ihr ganz viel Last genommen wird. Diese Belastung, die auch durch die Löcher verursacht wird, die im Moment in die Erde gerammt werden für Wärmeenergie, um der Erde Wärme zu entziehen. Dabei verliert Mutter Erde ganz viel Energie. Das ist nicht förderlich. Dieser Energieverlust wird dann von der sirianischen Energie wieder aufgefüllt.

FRAGE: Bei uns auf der Erde finden momentan große Diskussionen über umweltfreundliche Energien statt. Deswegen werden z.B. auch diese Löcher gebohrt, um Wärme zu entziehen. Diese Technik gilt als sehr umweltfreundlich; aber man weiß natürlich nicht, welchen Schaden man anrichtet. Kannst du uns einen Tipp geben, welche Energien für uns die besten sind, ohne die Erde zu schädigen?

LUKANY: Mutter Erde hat ganz viele Schätze: die gesamten Edelstein-Schichten - Berge von Kristallen. Wenn ihr euch mit den Kräften der Kristalle und mit den Kräften von Gold und Silber aufladet, dann verändert sich das gesamte Feld auf der Erde. Ihr braucht die Schätze nicht von Mutter Erde zu entwenden. Sondern es geht darum, Energie aus den Steinen und aus den Metallen zu kanalisieren mit der Kraft des Kosmos.

Ihr braucht 3 x 3 Pyramiden – 9 Pyramiden aus Alufolie. Das ist der stärkste Leiter für euch auf der Erde an positiver Kraftenergie. Diese 9 Pyramiden stellt ihr in einem

Dreieck auf – 3 x 3 - und verbindet sie mit einem Kupferdraht und schließt sie an eine Spule an. Und somit könnt ihr Strom produzieren.

FRAGE: Lieber König Lukany, ich grüße deine Göttlichkeit. Sollen diese Pyramiden aussehen wie die neunseitigen Pyramiden, die wir schon aus Band 5 kennen?

LUKANY: Ja.

FRAGE: Ich lese zurzeit „Das Buch Enki". Es ist das verschollene Buch Enki, das der Altertumsforscher Zecharia Sitchin meiner Meinung nach sehr originalgetreu rekonstruiert hat.

Es ist die uralte Geschichte, die auch im Gilgamesch-Epos erzählt wird, über die Erschaffung unseres Sonnensystems – die Erschaffung und Geburt der Planeten aus der Sonne. In dieses neu entstandene und noch labile Sonnensystem kommt schließlich ein Himmelskörper namens Nibiru von außen hinzu.

Die Geschichte handelt davon, wie im Laufe der Äonen diese Nibiru-Menschen – die Nefilim - zur Erde gekommen sind, um nach Gold zu suchen - und schließlich die Menschheit erschaffen haben. Ich lese es so, als hätte ich das selbst erlebt, und als wäre ich dabei gewesen.

Welche Verbindung habe ich zu EA Enki? Darf mir das beantwortet werden?

LUKANY: Du hast selber zu dieser Zeit dort gelebt. Du warst ein Sohn von EA Enki.

FRAGE: Er hatte viele Söhne - vor allem viele uneheliche und auch Söhne von Menschenfrauen -: Marduk, Ziusudra (der biblische Noah), Ningischzidda (der ägyptische Thot), Nergal, Dumuzi... Ich bin aber ratlos, wer ich gewesen sein könnte.

LUKANY: Es spielt keine Rolle, wer du warst. Es geht nur darum, dass du als Sohn von ihm dort mitgelebt hast.

ANTWORT: Vielen Dank. Es geht mir einfach darum, dieses starke Verbundenheitsgefühl sozusagen bestätigt oder erklärt zu bekommen.

FRAGE: Der Planet Nibiru hat eine höchst ungewöhnliche Umlaufbahn. Es wurde eben schon angedeutet, dass das siriani-sche System ein Doppelsonnensystem ist – d.h. eine kleine Sonne umkreist eine große Sonne. Ist Nibiru die Doppelsonne **unseres** *Systems?*

LUKANY: Ja, das stimmt. Es ist die Doppelsonne **eures** Systems.

FRAGE: Wann kommt Nibiru wieder in die Nähe unserer Sonne, so dass er von der Erde aus sichtbar ist?

LUKANY: In 900 Jahren.

FRAGE: Ich hänge noch an deiner Erklärung, wie wir Strom erzeugen können. Ich würde gerne diese Pyramiden nehmen und sie formieren und dich bitten zu sagen, ob das so in Ordnung ist. Und: Wie soll das mit dem Kupferdraht funktionieren?

LUKANY: Den Kupferdraht müsst ihr an einer Stromspule anbringen. Dann wird über diese Spule der Strom erzeugt.

> Die Astro-Pyramiden (die nach der Anleitung in Band 5 entstanden sind) werden nun nach Lukanys Anweisungen aufgestellt.

LUKANY: Ja, 3 x 3 Pyramiden zu einem Dreieck geformt. Genau. Und jede Pyramide wird mit dem Kupferdraht verbunden.

FRAGE: Ich habe seit etwa 5 Wochen eine starke bakterielle Infektion und Pilzinfektion gleichermaßen, bei der keinerlei Medikamente, Heilbehandlungen und sonstige Mittel – die normalerweise zum Desinfizieren helfen - funktionieren. Natara hatte es schon einmal angedeutet, dass Antibiotika bei uns in

Zukunft nicht mehr wirken können. Ich denke, dass dieses Problem nicht nur mich, sondern auch andere Menschen betrifft.

Was ist also zu tun?

LUKANY: Es geht um eine sehr tiefe Reinigung. Alte Hautschichten lösen sich ab. Es sind Bakterien. Und es ist gut, in Kürbisblättertee (aus Blättern von Kürbissen) und in Mariendistel zu baden. Nimm das „Femicell" von unserem sirianischen Freund Dr. Matthias Rath.

ANTWORT: Danke.

FRAGE: Wir sollen einerseits die Erde schützen und alle Lebewesen dieser Erde bewahren helfen. Auch bei Bakterien und Pilzen handelt es sich um Lebewesen. Wie können wir in Einklang leben – sowohl die Pilze und Bakterien als auch wir Menschen?

LUKANY: Sie gehören nicht in deinen Körper! Es ist wichtig, jetzt eine hochfrequente Energie zu kanalisieren, so dass sie erlöst werden und dadurch in eine neue Lichtkraft gehen.

FRAGE: Gibt es bei euch Autos bzw. ein Fortbewegungsmittel, um schnell voranzukommen, ohne Benzin oder einen ähnlichen Treibstoff zu benutzen? Kannst du uns das zeichnen?

LUKANY: Wir haben noch nie gezeichnet; wir haben noch nie gezeichnet. – Jetzt ist es frei...

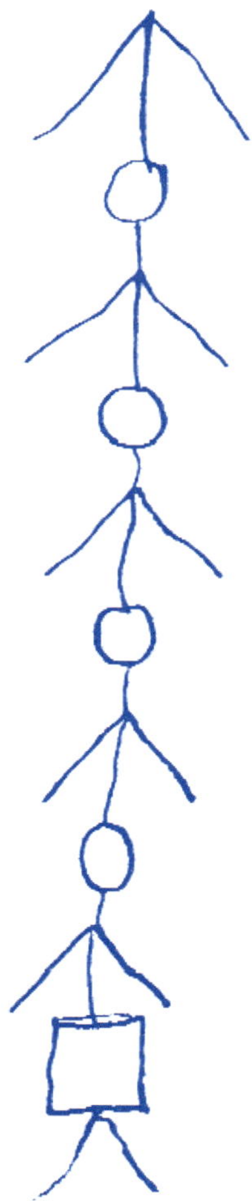

Erläuterung von LUKANY:

Das sind 5 Pyramiden und 4 Kugeln. Es wird die höchste Energie kanalisiert und hier im Quadrat aufgefangen. Es ist auch wichtig, sie alle mit einem Kupferdraht zu verbinden. Stellt die Kugeln auch wieder aus Alufolie her. Und auch hier wieder in eine Spule... Und mit dieser Spule könnt ihr reisen, mit euren Autos fahren, Strom produzieren für eure Häuser.

Nutzt dieses Geschenk. Es sind Pyramiden – auch neunseitig aus Alufolie, die Kugeln und dieser Würfel sind auch aus Alufolie.

FRAGE: Ich habe gelesen, dass die Zahl 50 mit dem Sirius in Verbindung gebracht wird, z.B. auch mit den 50 Anunnaki, die einfach nur da sein sollen, um eine bestimmte Energie zu halten – die gar nicht viel machen müssen, die einfach nur auf ihren Thronen sitzen, um Energie zu halten.

Kannst du darüber etwas genaueres berichten?

LUKANY: Es sind so viele Helfer, die euch jetzt unterstützen, dass ihr die Kraft mit der Erde vereint.

Auch dass wir heute hier zusammen sind, ist ein Riesenschritt für Mutter Erde. Es ist sehr wichtig für Mutter Erde und für euch, dass ihr dieses Wissen über die freie

Energie bekommt. Probiert es aus! Denn ihr seid nicht an diese irdische Materie des Stroms und der Fortbewegungsmöglichkeiten gebunden. Das seid ihr nicht. Deshalb seid frei und lasst es fließen!

FRAGE: Ich habe seit gestern ab und zu einen ziemlich starken Ohrendruck und bin der Meinung, dass ich irgendwelche Informationen erhalten soll, an die ich aber nicht wirklich herankomme. Kannst du mir dabei helfen?

LUKANY: Ihr wurdet alle auf den heutigen Tag vorbereitet, damit ihr die Kraft habt, diese Energien zu empfangen.

FRAGE: Kannst du mir sagen, ob diese Pyramiden vollständig aus Alufolie bestehen müssen – ohne ein anderes Material zur Verstärkung?

LUKANY: Ja, nur aus einer starken Alufolie. Nehmt die stärkste, die es gibt.

FRAGE: Du hast zu Anfang gesagt, dass alles ganz einfach ist. Das ist etwas, was ich gelegentlich ahne. Ich ahne es dann, wenn ich mit jemandem arbeite und auf ganz einfache Dinge hinweise, wie z.B. sich mit dem Atem zu verbinden – wobei das Q + Q = M ja auch wundervoll unterstützt.

Oft habe ich dabei allerdings das Gefühl, dass Menschen, die schon über viele Jahre mit ihren Krankheiten, Ängsten und Problemen beschäftigt sind, diese gar nicht so schnell hergeben wollen. Scheinbar spielt da der Gedanke „So einfach kann das nicht sein" eine Rolle.

Welche Möglichkeit gibt es zu verdeutlichen, wie einfach es ist, damit es die Menschen auch wirklich erreicht - und dadurch überhaupt erst wirken kann?

LUKANY: Es ist wichtig, dass ihr euch nicht festhaltet an der Materie. Materie wird ständig erschaffen. Und diese vielen Krankheiten entstehen durch das Festhalten an der Materie. Es geht in dieser Zeit auf der Erde darum, gar nichts mehr festzuhalten, sondern einfach diese Kraft durch euch fließen zu lassen.

Viele Menschen bekommen Krankheiten auch, damit sie sich ausruhen können, damit sie in ihre Kraft gehen und eine Chance bekommen.

Aber dann ruhen sich viele Menschen mit der Krankheit aus und leben diese Krankheit. Doch das ist nicht der Weg des Herzens. Es geht darum, diese Chance zu nutzen, die der Körper einem gibt, sich von altem Ballast zu befreien. Und das ist die Leichtigkeit zwischen Körper und Seele.

FRAGE: Mein Mann stammt aus eurem Seelenland; die Energie ist mir also bekannt und tut mir sehr gut. Trotzdem: Wir sind sehr unterschiedlich. Ich selbst komme vom Feen- und Elfenland.

Gibt es Tipps, die du für unsere Partnerschaft geben kannst? Und wie Feen und Elfen noch besser mit euch vom Sirius in Kontakt gehen können und beide ihre Energien heilsam auf die Erde bringen können? Und welche Empfehlung kannst du mir für meinen Mann geben, dass er mit dir besser in Kontakt kommt?

LUKANY: Das Allerwichtigste ist das gegenseitige Annehmen, so dass aus dem Entdecken der Liebe etwas Neues geboren wird. Die Achtsamkeit miteinander zu manifestieren und die Liebe und die Kraft zu leben. Wichtig ist das Zuhören, das einander Zuhören und auch die Stille anzunehmen. Und jeden in seinem Prozess zu lassen und zu unterstützen - und doch zu lassen. **Das** ist das Wichtige.

FRAGE: Ich habe das Gefühl, dass viele Menschen zurzeit kraftlos und gestresst sind. Ich gehöre auch dazu.

Kannst du uns etwas zur Kräftigung geben?

LUKANY: Arbeitet mit dem M + M = Q, um besser mit der Materie umzugehen, um besser mit der Kraft umzugehen und euer Leben neu zu manifestieren. Und arbeitet mit dem Q + Q = M.

Es ist eine sehr intensive Phase, in der die Erde und ihr euch befindet. Es werden zurzeit viele neue Tore geöffnet für euch und für die Erde. Das bringt sehr viel Erlösung mit sich. Und aus dieser Erlösung wird etwas Neues geboren.

Nutzt eure Kraft und nutzt das neue Leben, das ihr in jedem Atemzug auf der Erde geschenkt bekommt. Seid achtsam und manifestiert diese neue Lichtenergie, die wir euch heute gegeben haben, auf der Erde.

Probiert es aus und bringt damit die Welt zum Staunen!

Wir sind mit euch und ich freue mich,
in dieser Form zum allerersten Mal
auf der Erde zu sprechen.

Botschaft von Karuty, einer Königin aus dem Seelenland Plejaden

Meine geliebten Freunde,

die Königin der Plejaden, Karuty, ist mit euch.

Wie schön, dass wir in dieser Form endlich Kontakt aufnehmen dürfen mit der Erde, um jedes Lebewesen wieder mehr und mehr in den Kontakt des Herzens zu bringen und in den Kontakt mit der Freude, um die negativen Bänder zur Vergangenheit zu lösen und Frieden zu schließen. Es geht um ein neues Bewusstsein und darum, das Bewusstsein von Freiheit und Freude aus eurem Herzen zu leben.

Euer ganzer Planet versucht, euch seine Freude mitzuteilen, indem er euch alles zur Verfügung stellt. Euch gehört nichts; gar nichts gehört euch. Es ist wichtig, dass ihr das wieder erkennt, dass die Erde und kein Land irgend jemandem gehört, sondern dass es um die Kraft des Herzens geht.

Die plejadischen Energien sind Transformationsenergien, Erlösungsenergien. Das Alte wird verbrannt, um das Neue zu gebären.

Die plejadische Energie, die wir euch auf die Erde senden und die die Seelen mitbekommen, ist die Erneuerung und die Leichtigkeit - und Mutter Erde zu dienen. In unserer Dimension, in unserem Seelenland Plejaden, arbeiten wir sehr viel mit göttlichen Symbolen, mit dieser Kraft der göttlichen Symbole und senden diese an Planeten, die Hilfe brauchen.

Spürt in das Symbol der Königin hinein, wenn wir es jetzt für euch hier manifestieren.

Nehmt wahr, wie es reinigt, wie es euch erhellt, und wie es euch frei werden lässt von Vorstellungen. Es ist auch ein Symbol des Mutes. Dieses Symbol nehmen auch die Seelen mit, die auf die Erde kommen – für den Mut, das Leben zu leben.

Es ist so wichtig und wertvoll, wenn ihr achtsam umgeht mit dem Wissen, das wir euch geben – mit dieser Kraft, die wir euch hier übermitteln.

Wir vom Seelenland Plejaden inkarnieren uns ganz bewusst auf vielen Planeten, um wirklich zu reinigen, die

Energie zu reinigen, damit die Menschen und alle Lebewesen wieder in Kontakt kommen mit ihrem Planeten.

Wir erfahren unser Bewusstsein durch verschiedene Räume. Da gibt es den Raum des Klanges, den wir euch jetzt hier spürbar und hörbar werden lassen. Ihr dürft in den Klängen baden, die wir euch übermitteln.

Es gibt die Räume der Heilung für die Planeten, wo ganz viele Symbolschätze aktiviert werden.

Es gibt die Räume der Einweihungen, wo jede Seele eingeweiht wird in die verschiedensten Aufgaben und Fähigkeiten, um dann damit auf anderen Planeten zu inkarnieren.

Und es gibt die Räume der plejadischen Götter.

Taucht immer tiefer ein in euren Raum des Herzens. Und ihr werdet mit allen Ebenen verbunden sein, mit allen Räumen.

Ein sehr wichtiger Raum ist der Raum des Abschieds. Wenn die Seelen den Körper hinter sich lassen, werden sie in Empfang genommen im Raum des Abschieds, um dort Heilung anzunehmen und das irdische Leben hinter sich zu lassen.

Lasst diesen göttlichen Raum, den wir hier auf der Erde für euch entfalten, in seiner ganzen Kraft da sein.

Gibt es Fragen?

FRAGE: Königin Karuty, ich grüße dich.

Du sprachst von einem Raum, in dem verschiedene Götter existieren im Seelenland der Plejaden. Ich dachte, es gibt nur einen Schöpfer. Wie erklärt sich das?

KARUTY: Alles ist aus der Kraft der Liebe kreiert. Die Kraft, den Raum der Götter zu erfahren, ist eine Erinnerung an die grenzenlose Liebe des ganzen Universums. Euer Universum ist ein sehr kleines Universum. Es gibt sehr viel größere Universen, die alle mit Liebe angefüllt sind.

Wir bewegen uns in unserem Seelenland in allen Universen. Das kleinste und dichteste ist euer Universum. Um sich wieder neu zu entfalten und diese grenzenlose Liebe zu erfahren, gibt es auf allen Ebenen - in jedem Universum - Götter, die dieses Universum halten, schützen und leiten.

Und dieser Raum der Götter ist dafür da, dass sie uns lehren, dass sie uns Entscheidungen manifestieren und uns behilflich sind, und wir mit ihnen in Kontakt treten.

Jedes Universum wird von Göttern gehalten – jedes Universum.

FRAGE: Wäre es dir möglich, uns dein Symbol aufzumalen?

KARUTY: Ja.

Königin Karuty zeichnet das Symbol.

FRAGE: Ich würde gerne noch erfahren, welche Farbe es hat. Oder sind es mehrere Farben?

KARUTY: Es ist grün. (siehe Seite 217)

FRAGE: Als du mit deiner Energie zu uns kamst, wurde mein Herz ganz weit. Ich spürte wieder das Bedürfnis, mein Handchakra auf das Herz zu legen. Ich wende dies seit einiger Zeit immer öfter an, weil ich merke, dass mir dadurch ein Kontakt mit anderen Menschen von Herz zu Herz viel leichter fällt.

Ist es ein Gruß von euch? Oder wieso möchte ich das praktizieren? Gilt das auch für andere Menschen?

KARUTY: Es ist eine wundervolle Kraft, sein Herz zu berühren. Wenn du dein Herz berührst, verbindest du dich mit der Kraft aller Herzen.

Es ist eine Geste der Dankbarkeit und der Verbundenheit – mit allem verbunden zu sein. Nicht nur mit allen Lebewesen auf der Erde verbunden zu sein, sondern auch mit der Kraft eures Universums.

FRAGE: Du kommst aus dem Seelenland Plejaden. Wir haben hierzu eine astronomische Entsprechung. Und zwar gibt es im Sternbild des Stiers einen sogenannten Sternenhaufen, in dem 7 Sonnen sichtbar sind – der allerdings aus circa 130 Sonnen besteht.

Meine Frage lautet: Gibt es einen Zusammenhang, dass ihr euer Seelenland genauso nennt oder dass umgekehrt dieser Sternenhaufen genauso genannt wird wie euer Seelenland?

KARUTY: Dort findet die erste Inkarnation statt. Wenn sich Seelen entschließen, in euren dichten Energiekreis zu gehen, so gehen sie zuerst in diese Energiesysteme, um sich vorzubereiten für die noch dichtere Energie auf der Erde.

Es ist auch eine Energieübertragung von unserem plejadischen Seelenland über die stoffliche plejadische Einteilung in euer Universum – ein Kraftverstärker. Dafür ist diese Ansammlung geschehen.

FRAGE: Wie kann ein Mensch feststellen, aus welchem Seelenland er kommt - wenn er das noch nicht weiß?

KARUTY: Wir laden dieses Buch wieder so auf, dass jedes Lebewesen und alle Menschen diese Energie direkt in ihre Zellen gespeichert bekommen.

Alle Leser, die es noch nicht wissen, werden einen Druck oder ein Kribbeln im 3. Auge spüren, wenn sie von ihrem Seelenland lesen und erfahren.

FRAGE: Liebe Königin, ich habe eine Bitte an dich.

Du sprachst vorhin von der Dichte in. unserem Universum. Ich persönlich habe, solange ich denken kann, immer Schwierigkeiten, in dieser Dichte zu landen auf unserer Erde.

Ich komme mir immer so leicht abgehoben oder schwebend – oder wie in Watte gepackt – vor. In dieser Dichte der Erde zu landen gelingt mir nicht.

Du hast vorhin von den Räumen der Einweihung gesprochen. Ist es möglich, dort noch einmal eine Einweihung „zum Landen" zu erhalten?

KARUTY: Arbeite mit dem Symbol, mit der plejadischen „Schildkröte", die wir gezeichnet haben. Verbinde dich mit diesem Wissen. Es erdet dich und lässt dich immer wieder ankommen. Und das Wissen, mit allem verbunden zu sein, manifestiert die Kraft der Erdung.

Euer Planet Erde ist ein sehr großes Lernfeld.

Lasst euch immer wieder einweihen
von eurer Herzensliebe!

FRAGE: Du sprachst vorhin davon, dass die Menschen wieder begreifen sollen, dass ihnen nichts gehört.

Nun haben die Menschen aber alle Erwartungen und Wünsche und Bedürfnisse. Heißt das jetzt, sich wieder ganz leer zu machen und einfach zu vertrauen, um dann Dinge manifestieren zu können?

KARUTY: Erst wenn du weißt, dass dir nichts gehört, kannst du überhaupt manifestieren. Es geht nicht mehr um das Mein und Dein, sondern darum, das Gesamte zu erblicken.

Es geht um das Dienen. Aus dem Dienen heraus könnt ihr alles manifestieren – nicht aus dem Wollen und aus dem Haben heraus, sondern aus dem Dienen. Darum geht es.

FRAGE: Wenn wir mit diesem Symbol arbeiten, um in die Herzensliebe zu kommen, können wir darum bitten, dass die Strukturen, die die Herzensliebe versperren, sich auflösen - ohne dass uns ganz bewusst sein muss, was uns im Wege steht?

KARUTY: Es ist möglich. Denn je mehr ihr euch mit dem Herzen verbindet und euch wieder fallen lasst und der Ballast abfällt, umso freier werdet ihr, umso mehr geschehen auch Prozesse, die ihr gar nicht mitbekommt. Und es tritt eine Veränderung ein.

Eure Seele arbeitet auf so vielen Ebenen gleichzeitig. Deshalb erlöst eure Seele auch vieles, was ihr gar nicht mitbekommt. Das ist ein wundervoller Weg. Leid entsteht durch Gier und durch Macht. Doch wenn ihr dient, entsteht Liebe.

FRAGE: Im Erdinneren befindet sich ein Kristall, der nur nach dem göttlichen Willen ausgerichtet ist – also die göttliche Liebe aussendet. Durch ihn wird das gesamte Universum gesteuert. Wie können wir als Wesen, die alles physisch sehen, uns diesen Kristall vorstellen?

KARUTY: Wenn ihr es euch bildlich vorstellt, hat dieser Kristall vier Segel - in jede Himmelsrichtung eins. Und er dreht sich. Durch diese Drehung schwingt er seine Energie in dieses Universum. Er hält damit den Ausgleich aller sich in eurem Universum befindlichen Planeten aufrecht.

FRAGE: Wir haben jetzt erfahren, wo die Erstinkarnationsplaneten der Sirianer sind und auch die der Plejader. Nun gibt es aber 4 Seelenlander (Lemuria, Regenbogenland, Wal- und Delphinland, Elfen- und Feenland), von denen ich keine astronomisch /astrologische Entsprechung kenne.

Kannst du uns sagen, wo die Wesenheiten aus diesen Seelenländern zuerst inkarnieren?

KARUTY: Die nutzen zuerst Jupiter und Neptun, um diese Kraft in der Dichte zu manifestieren.

FRAGE: Zuerst noch einmal ein großes Dankeschön für diese wunderschöne Energie, die du hier herunterbringst!

Ich hatte in den letzten Tage eine Idee, wie wir von unserem Körper lernen könnten. Auf der Erde gibt es zurzeit viele Kriege und Machtkämpfe. Dann fiel mir irgendwann ein: Wir haben ein Körpersystem mit unendlich vielen Zellen, die alle miteinander in Harmonie leben. Diese Zellen schaffen unseren Körper, in dem wir leben dürfen.

Inwieweit können die Menschen das System der Zellen übernehmen, um in Frieden zu kommen und zu sein?

KARUTY: Euer Körper ist ein wundervolles göttliches Werk. Wenn ihr euch anschaut: Aus einem kleinen Wesen wird so ein großer Mensch. Und das geschieht nur in Einheit mit allen Zellen. Nur mit der Einheit. Dass alle Zellen zusammen kommunizieren und gemeinsam daran wachsen. Das ist eines der tiefsten göttlichen Wunder der Materialisation.

Deshalb geht weiter darin und erschafft euch das Bild, dass es möglich ist, auf eurem Planeten in Frieden zu leben – in der Gemeinschaft zu leben und Gemeinschaft zu erfahren. Gemeinsam zu wachsen. Aneinander und miteinander.

Denn ihr seid alle Licht; jedes Lebewesen ist Licht. Deshalb nehmt eure Grenzenlosigkeit an, nehmt eure Körper an, eure Vision.

Karuty grüßt euch aus der Kraft der Plejaden.

Seid wach und schaut, dass ihr euch wirklich verbindet – mit eurem Körper, mit eurem Universum.

Botschaft von Rupuna, einem König aus dem Seelenland Plejaden

Meine geliebten Freunde,

das Bewusstsein von Rupuna ist mit euch,
einem König aus dem Land der Plejaden.

Wie schön, euch zu erfahren hier auf der Erde. Es ist mein erster Ausflug.

Es kommt mehr und mehr die Entspannung auf die Erde. Ihr könnt mehr und mehr euer Herz entspannen; denn das Gute siegt immer.

Ihr dürft es zulassen, eure Vision, die Ihr bekommen habt, eure Lebensvision wirklich zu leben. Die Erde ist so ein wunderbares Erfahrungsfeld für eure Seele, für euren Körper. Nutzt das und kostet das Leben voll aus! Begebt euch nicht in Abhängigkeiten, sondern seid frei in jedem Atemzug mit allem, was euch widerfährt.

Taucht ein in diese Liebe und in diese Kraft der Verbindung. Denn Verbindung zueinander ist das Wichtigste für euch auf der Erde. Verbindung: die Verbindung der Seelen, die sich treffen, die sich verabredet haben. Und die Verbindung aller Lebewesen und die Verbindung mit dem Kosmos. Und auch die Verbindung mit uns ist sehr wichtig. Je mehr ihr euch ins Leben fallen lasst, umso stärker wird eure Verbindung.

Es braucht gar nicht viele Worte bei euch auf der Erde. Es ist die Wahrnehmung, das Fühlen, was euch zusammenbringt. Die Kraft des Fühlens ist die Kraft der Verbindung. Es ist wichtig, dass ihr euch nicht nur über eure Worte fühlt, sondern über das Herz. Viele Menschen öffnen sich – auch in eurem Land – mehr und mehr für die Energie ihres Herzens. Es geht alles einen guten Weg, auch wenn es für viele von euch noch nicht so aussieht.

In unserer Dimension geht es um die Wahrnehmung, um die Verbindung durch das Fühlen. Diese Präsenz ist wundervoll. Deshalb haben wir auch die Energie dieses Chakras auf der Erde manifestiert: das plejadische Chakra am Kinn. Da geht es um das Fühlen und wirklich die Verbindung zum Fühlen herzustellen. Und dass die Seelen, die von uns kommen, sich wieder fühlen und spüren, ganz auf der Erde sind und ihre ganze Wirkungskraft dort einsetzen.

Ihr habt so viel Grün in eurem Land, so viel Grünes auf der Erde. Nutzt diese Kraft des Herzens. Die Natur ist die Manifestation eures Herzens. Nutzt diese Kraft, verbindet euch mit der Natur!

Es braucht gar nicht viel Worte. Wir lassen euch die Energie spüren von unserem Seelenland Plejaden - die Verbindung spüren. Denn die Verbindung ist das, was uns die Kraft gibt, auch auf die Erde zu kommen. Die Verbindung...

Es ist eine wundervolle Kraft, die wir euch hier senden, damit ihr euch immer mehr fühlen könnt, euer Handeln fühlen könnt.

Und haltet zu diesem Raum, der sich jetzt öffnet, die Verbindung! In diesem Raum, den ihr jetzt spürt, sind wir immer. Das ist unsere Dimension der Verbindung. In diesem Feld bewegen wir uns. Und ihr nehmt sie wundervoll an, diese Kraft.

Aus dieser Verbindung und aus dem Fühlen heraus können euch die Worte viel leichter erreichen und ihr könnt leichter die Kraft der Worte erfahren.

Gibt es Fragen?

FRAGE: Du sprachst eben von den Gefühlen. Ich habe den Eindruck, dass mich meine Gefühle sehr oft täuschen, da sie oftmals durch veraltete Verhaltensmuster ausgelöst werden.

Wie können wir als Menschen es schaffen, diesen „Liebesenergie-Knopf" zu drücken, damit wir aus dem Herzen heraus fühlen können?

RUPUNA: Indem du gar nichts anderes mehr zulässt. Wenn du wirklich aus dem Herzen heraus handelst und lebst, gibt es kein anderes Gefühl als das aus dem Herzen heraus.

Und darum geht es: Aus dem Fühlen der Liebe heraus zu handeln, aus dem Fühlen heraus die Verbindung zu deinen Worten und zu deinem Tun erfahren. Dann wird es leichter, viel leichter.

FRAGE: Karuty hat uns beim letzten Treffen eine wundervolle „Schildkröte" geschenkt, die meines Erachtens eine ganz schöne Energie für uns auf der Erde hat, und die viel Kraft enthält.

Ich habe dieses Symbol genommen und vergrößert. Die größeren Bilder haben für mich die Energie noch verstärkt. Vor dem Treffen hatten wir die Symbole hier ausgelegt, woraufhin eine technische Frequenzstörung entstand.

Meine Frage hierzu ist: War es „falsch", sie zu vergrößern? Oder ist es nur hier im Raum unpassend gewesen, sie in der Nähe der Mikrofone auszulegen?

RUPUNA: Nichts ist falsch damit. Diese veraltete Technik kommt mit den Schwingungen nicht klar. Deshalb entsteht ein Schrei. Arbeitet mit den Symbolen: Vergrößert sie, verkleinert sie, verteilt sie - damit diese Kraft der Erneuerung kommt.

Es ist ein wunderbares Zeichen, wenn sich diese Kraft schon so manifestiert hat, dass sie eure Technik stört. Da könnt ihr doch erfahren, wie klein eure Technik ist, wenn sie diesem Symbol nicht standhält.

FRAGE: Ich habe eine Frage zum Fühlen, wenn wir mit anderen in Verbindung sind: Ich hatte das Angebot für eine wichtige Heilbehandlung von einer Freundin, die gefühlt hat, dass dies jetzt für mich wichtig sei. Auch für mich wäre es wichtig und richtig gewesen, diese Heilbehandlung zu diesem Zeitpunkt zu bekommen.

Ich habe mich letztendlich dagegen entschieden, weil ich es als sehr wichtig empfunden habe, den Termin für dieses Channeling einzuhalten, und mich von Manubach zu verabschieden, weil heute der letzte Termin hier in Manubach ist.

Welches Gefühl war jetzt das richtige?

RUPUNA: Du bist deiner Stimme gefolgt; das ist immer das Richtige und Wichtige. Wenn du dir und deinem Gefühl und der Botschaft folgst, dann hat das eine große Wirkung auf dich, auf dein Umfeld und auf deine Kraft.

Und deshalb brauchst du gar keine Zweifel zu haben. Genieße dich hier in diesen Räumen. Das ist auch Heilung. Durch Abschied geschieht ganz viel Heilung!

FRAGE: Ich danke dir sehr. Ich bin schon die ganze Zeit über ein bisschen euphorisch, weil es um das Fühlen geht. Denn das liegt mir so sehr! Und oft finde ich die passenden Worte nicht.

Ich möchte darum bitten, dass sich diese Energie für mich – und überhaupt in der Welt – durch ein Symbol oder Mantra vergrößern lässt, so dass sich durch das Fühlen auch die Worte leichter finden und ausdrücken lassen.

RUPUNA: Aus der Kraft des Fühlens entsteht Gelassenheit. Und durch dein Fühlen entsteht Erneuerung. Mit dem Fühlen entsteht eine neue Kraft, entsteht eine neue Kraft der Kommunikation. Und aus dieser Kraft könnt ihr unendlich schöpfen. Deshalb gebt euch viel mehr den Raum zum Fühlen und dann zum Kommunizieren.

FRAGE: Ich habe eine Frage zu unseren menschlichen Ursprüngen. Es gibt eine Art von feinstofflichen Wesen vom Sonnensystem der Plejaden. Diese haben durch ein menschliches Medium übermittelt, dass unsere Mütter, die Echsen, von uns anerkannt und geliebt werden möchten. – In unserem Gehirn gibt es ja noch diesen Bereich des Stammhirns, des Echsenhirns.

Existieren im Moment auf der Erde noch irgendwo diese verkörperten göttlichen Echsen?

RUPUNA: Es sind keine dieser Echsen im Moment auf der Erde. Sie haben sich zurückgezogen. Aber sie sind in anderen Dimensionen sehr präsent für die Erde.

FRAGE: Ich habe eine Frage zu den Seelenländern allgemein: Es gibt ja 7 Seelenländer, von denen Seelen hierher inkarnieren. Nach allem, was wir bisher gehört haben, sind in unserer gesamten Galaxis Seelen aus diesen Seelenländern inkarniert.

Trifft dies auch für andere Galaxien zu? Gibt es wirklich nur 7 Seelenländer für das gesamte Universum? Oder herrschen möglicherweise in anderen Galaxien andere Bedingungen?

RUPUNA: Für dieses Universum, zu dem auch die Erde gehört, sind nur die 7 geöffnet, doch für andere Universen gibt es andere Seelenländer. Insgesamt gibt es für alle Universen 12 Seelenländer. Doch für euer Universum sind nur diese 7 Tore geöffnet.

Seid achtsam, und lebt das Fühlen und die Kraft der Liebe. Und lebt euch in dem Bewusstsein, dass ihr alles manifestieren könnt.

Rupuna segnet euch mit den göttlichen Grüßen der Plejaden. Und danke, dass ihr uns in dieser Kraft die Möglichkeit gebt, durch euch und auf Mutter Erde die Energie zu manifestieren.

Botschaft von Koluya, einer Königin aus dem Seelenland Orion

Meine geliebten Freunde,

das Bewusstsein von Koluya, einer Königin
aus dem Seelenland Orion, ist mit euch.

Wie schön, dass wir heute die Möglichkeit haben, zu kommunizieren und die Kraft der Schönheit auf eurem Planeten Erde noch viel mehr zu manifestieren. Ihr seid in einem großen Wandel, in einem Prozeß der Durchleuchtung. Alles wird durchlichtet; alles ist in Veränderung.

Und in dieser Zeit entscheiden sich einige Seelen von unserer Orion-Energie, auf die Erde zu kommen. Es sind nicht viele, die diese Manifestation noch wollen. Denn das Seelenland Orion ist das Land der Stille, das Land des Bewusstseins und der Liebeskraft.

Die Seelen, die sich vom Orion auf der Erde inkarnieren, bringen sehr viele geistige Gesetze mit und viel Klarheit. Es sind große Veränderer auf der Erde.

Ich möchte euch einen Augenblick eintauchen lassen in unsere Energie des Seelenlandes Orion, damit ihr spürt, welch großes Potenzial die Seelen mitbringen, die von uns zu euch auf den Planeten Erde gehen.

Es ist eine starke Heilenergie, die wir heute mitbringen, damit ihr die große Kraft unseres Seelenlandes Orion spürt.

Wir wissen uns nicht so gut in eurer Sprache auszudrücken. Und es ist in dieser Form der erste Kontakt, den wir aufnehmen.

Es geht uns in erster Linie um die Energie und darum, sie auf der Erde zu verankern, damit alle Seelen es leichter haben.

Ihr alle seid so wundervolle Menschen auf der Erde. Jede Seele, die auf die Erde kommt und sich inkarniert, will weder Krieg noch Erniedrigung, sondern sie möchte wachsen! Um miteinander die Kraft der Liebe, die Kraft der Schönheit und die Kraft der Manifestation zu erfahren. Doch das ist sehr stark verändert auf der Erde, wo es um Macht und Gier geht.

Und mit dieser Kraft, die wir hier auf der Erde initiieren, wird sich vieles verändern.

In unserem Seelenland Orion gibt es 3 Einweihungen:

Die 1. ist in die göttliche Manifestationskraft, die 2. ist die Kraft in die göttlichen Symbole und die 3. Einweihung ist die Kraft der göttlichen Freude, die wir jetzt auch in euch allen verankern.

Wenn es Fragen gibt, so könnt ihr diese jetzt stellen.

FRAGE: Ich grüße dich.

Du hast gesagt, es gibt nur wenige, die aus eurem Seelenland auf der Erde inkarnieren. Wie ist es, wenn diese Orion-Seelen hier als Menschen schwer erkranken? Du sprachst eben von der Einweihung in die göttlichen Symbole. Gibt es bestimmte Symbole, die diese Menschen darin unterstützen, gesund zu werden?

KOLUYA: Da gibt es ein Mantra, das ein Toröffner ist für das Wissen, dass sie in ihren Zellen gespeichert haben. Dieses Mantra heißt SHORAMO. Es aktiviert die Heilquellen in dir.

FRAGE: Gilt dieses Mantra nur für die Orion Seelen?

KOLUYA: In erster Linie ist es für die Seelen aus dem Orion-Land, um ihre Heilsymbole im Körper wieder zu aktivieren.

Wir werden im Anschluß noch für jedes Seelenland ein Mantra als Toröffner durchgeben.

ANTWORT: Das Mantra klingt bei mir wie Musik im Herzen.

KOLUYA: Es ist auch Musik. Stille ist Musik. Licht ist Musik. Eure Zellen schwingen in Musik.

FRAGE: Liebe Königin, ich grüße deine Göttlichkeit.

Wir durften vor längerer Zeit durch Natara teilweise erfahren, welche Tiere aus welchen Seelenländern sich auf Erden inkarnieren.

Magst du uns dazu detailliertere Informationen geben? Welche Tierseelen kommen aus deinem Seelenland zur Erde und welche aus den anderen Seelenländern?

KOLUYA: Jetzt ist es wichtig, bei der orionischen Energie zu bleiben.

Zebras kommen vom Orion, die Schlangen-Energie und Maulwürfe.

Sie haben immer eine Botschaft für euch, wenn sie in eurem Garten Erdtürme bauen. Wenn die Maulwürfe in euren Garten Einzug halten, will etwas transformiert werden aus eurem Körper.

Sie holen tiefere Schichten aus der Erde an die Oberfläche. Und das wollen euch die Maulwürfe zeigen: Dort wo die Maulwürfe sind, ist ein Transformationsprozess unabdingbar.

FRAGE: Wenn meine Krafttiere aus einem bestimmten Seelenland stammen, heißt das, dass ich diese Energie besonders nutzen darf – auch wenn ich nicht aus dem Seelenland dieser Tiere komme?

KOLUYA: Ja, das ist so. Wenn du ein Zebra als Krafttier hast, dann hast du eine starke Energie und Verbundenheit mit unserem Seelenland Orion. Deshalb ist es sehr wichtig, diese kraftvollen Seelen - wie die Maulwürfe - nicht zu verjagen. Sie gehen, wenn ihr euren Prozess erledigt habt. Und sie kommen immer wieder, wenn ihr es nicht erledigt. Sie sind Transformatoren. Und sie zeigen euch, was ansteht.

FRAGE: Kannst du uns etwas über die Orionstäbe sagen? Wie wendet man sie an? Was kann man damit tun? Werden sie in der jetzigen Zeit immer wichtiger?

KOLUYA: Es ist ein wichtiger Heilstab mit starker transformatorischer Energie, aufgeladen mit Symbolen. Der Orionstab gleicht aus. Doch es ist sehr wichtig, ihn behutsam einzusetzen, denn er hat eine sehr starke transformatorische Energie. Nicht jeder kann diese Energie ertragen. Deshalb fragt vorher ab, ob ihr mit dem Orionstab arbeiten dürft bei Menschen, Tieren und Pflanzen.

Er reinigt eure Zellen, eure Plätze, eure Häuser, damit ihr wieder tief in Kontakt kommt mit der Erde.

Es ist wichtig, dass immer nur eine Person mit diesem Schwingungsfeld arbeitet. Er darf nicht übertragen werden, weil er sich sehr stark auf den Menschen einschwingt, der mit ihm arbeitet. Er ist ein wichtiges Hilfsmittel und Werkzeug für Lichtarbeiter. Denn er bringt viele Dinge ans Licht, holt sehr viel heraus und erlöst vieles.

Er ist ein wichtiges Hilfsmittel und Werkzeug bei Krebs, bei AIDS. Auch bei den ganzen schweren Energien von Alzheimer ist es sehr hilfreich, diesen Stab zu nutzen.

ANTWORT: Vielen Dank für diese wunderbare Information!

FRAGE: Neulich fand auf dieser Erde eine große Meditation mit 20 Millionen Menschen statt. Am 17. Juli wurde mit dieser Meditation das Liebesgitter neu entflammt.

Könnt ihr aus eurem Orion-Seelenland in der 12. Dimension erkennen, ob sich damit für uns alle etwas zum Positiven verändert hat?

KOLUYA: Es wurde ganz viel mit Licht durchflutet. Wir haben es gespürt, dass auf der Erde etwas geschieht. Es verändert sich jetzt. Die Macht wird dünner und dünner auf der Erde. Es verändert sich; ihr seid in einem guten Prozess.

Es ist eine ganz große Gnade, wenn so viele Menschen in einem Feld zusammenkommen, um gemeinsam zu meditieren und dieses Liebesgitter zu aktivieren. Wenn sie diese Kraft nutzen, ist es eine ganz große Gnade.

Und wir haben es ganz klar bemerkt, dass es ein wichtiger Schritt in die richtige Richtung ist für die Herzen aller Menschen und aller Lebewesen. Wir sind sehr glücklich, dass so viele Menschen bereit sind, den Weg mit anderen Menschen zu teilen – ihren Weg des Herzens zu teilen. Und das ist die Kraft des Liebesgitters auf der Erde.

Es geht in die richtige Entwicklung. Macht es für euch wahr und kreiert in eurem Feld die Liebe für jedes Lebewesen!

FRAGE: Ich habe noch eine Frage zu den Maulwürfen:

Man sieht sie ja so selten; man sieht immer nur ihre Hügel. Woher weiß man denn, ob ein Maulwurf noch da ist?

KOLUYA: Die Maulwürfe machen ja viele Hügel bei euch auf der Erde. Sie haben nicht nur einen. Sie leben in der Erde. Und dort, wo die Hügel entstehen, sind sie auch anwesend. Meistens zwischen 0.00 Uhr und 4.00 Uhr bei euch auf der Erde kommen sie heraus.

FRAGE: Ich möchte noch einmal zu den Namensgebungen nachfragen. Ich hatte in einem anderen Treffen schon erwähnt, dass Orion, Plejaden und Sirius astronomisch/astrologische Entsprechungen haben.

In diesem Zusammenhang ist Orion etwas ganz Außergewöhnliches: Es gibt seit Menschengedenken und nach Aussage aller Menschen in allen Schriftstücken nichts Schöneres am Himmel als das Zeichen des Orion. Es geht zurück auf den ägyptischen Gott Osiris. Und es wird direkt mit der Auferstehung des Osiris in Verbindung gebracht – durch die alten Ägypter, aber auch durch sumerische Aufzeichnungen. Die Plejaden sind ja eigentlich nur die Tauben, die um den Stier herumfliegen.

Deshalb meine Frage: Hat dieses Seelenland Orion etwas mit Osiris zu tun? Und hat es etwas zu tun mit dieser ganz außergewöhnlichen Kraft, die die ganzen Jahrtausende hindurch die Menschheit durchflutet hat?

KOLUYA: Es ist die Manifestation unseres Seelenlandes, unser Stille- und Friedensbringer. Denn mit dieser Stille manifestieren wir im gesamten Universum den Frieden. Und dieses Bild ist die Manifestation unserer Energie. Bevor wir uns entscheiden, auf die Erde in die Dichte zu gehen, findet dort ein Vorleben statt.

ANTWORT: Vielen Dank für die wundervollen Einblicke.

FRAGE: Ich komme noch einmal auf die Welt der Tiere zurück: Ich habe gehört, dass Tiere, die scheinbar gar keine Ohren haben - wie Schlangen und Maulwürfe - oder eben Tiere mit betont großen Ohren aus eurem Seelenland kommen.

Was ist zum Beispiel mit den Elefanten?

KOLUYA: Elefanten kommen nicht aus dem Seelenland Orion. Elefanten kommen aus dem Regenbogenland. Sie sind die Wächter des Regenbogenlandes.

FRAGE: Ich erlebe momentan sehr viel Unachtsamkeit und Machtspiele in meinem Umfeld, was mich aus meiner Mitte bringt. Du hast uns nun in die Kraft der göttlichen Freude eingeweiht. Wie kann ich diese Kraft der göttlichen Freude aktivieren, damit ich in meine Leichtigkeit komme?

KOLUYA: Wie wir schon sagten: Euer Planet Erde ist in der Phase der Durchleuchtung, in der alles durchlichtet wird. Und alles, was nicht mit in die Kraft der Liebe kommt, findet Erlösung. Du kannst dich mit dem Gitternetz der Liebe verbinden, das in den letzten Tagen verankert wurde.

Und es ist wichtig zu wissen, dass diese Phase sehr viel Unehrlichkeit, Gier, Neid und Machtmissbrauch nach oben bringt, damit all dies gehen kann und damit die Bewusstwerdung immer schneller vorangeht.

Deshalb involviere dich nicht damit, sondern wisse: Es ist eine Phase, eine Energie der Durchlichtung und Durchleuchtung. Damit auch dort das Licht präsent werden darf, braucht es diese Energie der Bewusstwerdung. Es geht um die Kraft der Erneuerung, das Alte loszulassen und sich damit gar nicht mehr zu identifizieren.

FRAGE: Da diese Unachtsamkeit und die Machtspiele mich in meinem Alltagsgeschehen hindern, frage ich noch einmal:

Habe ich das richtig verstanden: Wenn ich mich mit dem Gitternetz der Liebe verbinde, komme ich in meine Kraft und weiß dann dadurch, wie ich in diesem Moment zu handeln habe?

KOLUYA: Ja.

FRAGE: Du sagtest, es sollen nicht mehrere Menschen mit dem Orionstab arbeiten. Wie ist es denn, wenn solch ein Stab weitergegeben wird? Muss er dann erst gereinigt werden?

KOLUYA: Es ist wichtig, dass er gereinigt wird. Dass ihr die Orion-Energie bittet, ihn zu reinigen, und ihn für euch neu einzustellen.

FRAGE: Kann man mit diesem Stab auch manifestieren?

KOLUYA: Es geht bei dieser Kraft um den Frieden, um die Erleichterung und um die Transformation. Wenn die Erleichterung da ist, dann ist es sehr klar und einfach, damit auch zu manifestieren.

FRAGE: Wenn ich mit diesem Stab arbeiten möchte, brauche ich dann eine Ausbildung? Oder kann ich mich von meinem Herzen leiten lassen?

KOLUYA: Es ist wichtig, euch durch Ausbildungen nicht zu begrenzen. Die Orion-Energie ist da, sobald ihr diesen Stab berührt, sobald er hier in der Mitte liegt. Und wenn ihr euch vom Herzen leiten lasst, ist das die stärkste und beste Ausbildung.

ANTWORT: Danke.

FRAGE: Ich grüße dich, Königin vom Orion.

Seit einigen Tagen begleitet mich die Energie von Muscheln. Ich habe heute auch eine Schale für die Gruppe mitgebracht.

Ich spüre den ganz starken Impuls zu fragen: Was haben Muscheln mit Orion zu tun? Ist die Muschel bei euch ein Heilsymbol?

KOLUYA: Durch die Frequenz der Aktivierung der Liebe ist viel Heilung – auch in den Meeren - geschehen. Ganz viel Erlösung ist geschehen.

Die Delphine und Wale und alle Meeresbewohner haben sich sehr über die Aktivierung des Liebesgitters gefreut, weil sie nun auch wieder leichter die Erde halten können. Mit ihren Gesängen und Rufen halten sie ja auch das Gitternetz. Dadurch wird das Bewusstsein der Meeresbewohner wieder stärker in euer Zentrum gerückt.

Die Muscheln haben eine sehr starke transformatorische Energie. Sie nehmen sehr viele Gifte aus dem Meer auf und transformieren sie. Auch für euch Menschen. Wenn ihr mit Muscheln arbeitet, könnt ihr sie auf Stellen eures Körpers legen, wo es Tumore gibt, wo es Schmerzen gibt. Dann ziehen sie diese heraus.

Deshalb hast du die Muscheln heute hierher mitgebracht.

Ihr seid alle miteinander verbunden. Alles ist in allem gespeichert. Alles. Und das ist wunderbar.

FRAGE: Danke für das Stichwort „verbunden". Wir haben uns mit Sternen-Konstellationen beschäftigt. Die Pyramiden von Gizeh in Ägypten – die ja auf Osiris zurückgehen – stellen den Mittelpunkt des Orion-Systems dar. Es wird gesagt, dass alle energetisch kraftvollen, wichtigen Orte auf diesem Planeten mit dem Ort der Pyramiden von Gizeh verbunden sind.

Ich habe hier das Buch „Der Himmel ist unter uns", in dem dargelegt wird, dass die Himmelszeichen – wie z.B. Herkules, Drache, Jungfrau – sich auf der Erde widerspiegeln durch Kirchen, die an den entsprechenden Stellen errichtet wurden. Dieses Buch führt alle Sternenkonstellationen auf, die vom Sauerland bis nach Mainz vor 5.000 Jahren auf diese Weise – durch die dort erbauten Kirchen – manifestiert worden sind.

Was ihr sicherlich auch bestätigen könnt?

Müssen wir die Orte noch entstören?

KOLUYA: Ja, es ist wichtig, weiterzumachen und noch weiter die Plätze zu entstören. Es ist noch nicht alles wieder im Licht, in diesem göttlichen Fluss. Macht noch weiter. Es ist sehr wichtig!

FRAGE: Können wir uns auch ohne den Heilstab mit der Energie von Orion im Herzen verbinden und so die volle Kraft in eine Situation hineinbringen – zu Hause und für die Welt, die um uns ist?

KOLUYA: Es geht wirklich darum, eurem Herzen zu vertrauen und dieses Gitternetz der Liebe mehr und mehr in euer Leben zu integrieren. Ihr könnt euch aller Energien bedienen, die wir euch in diesem Buch geben - der Energien von Lemuria, vom Regenbogenland, vom Wal- und Delphinland, vom Sirius, Plejaden, Orion, Elfen- und Feenland.

Ihr könnt euch aller Energien bedienen und sie euch zunutze machen und zur Hilfe holen. Begrenzt euch nicht. Ihr habt mit diesem Buch so viel Wissen bekommen.

Fokussiert euch nicht nur auf den Orion-Stab. Das ist nicht das, was wir wollen. Euer Herz hat keine Begrenzung. Das ist es, was wir euch mit diesem Wissen geben und sagen wollen: Keine Begrenzung! Und das ist das Wichtige, dies mit euch zu teilen, dieses wunderbare Wissen, diese große Energie und die Schönheit.

Wir kommen hier zum ersten Mal auf euren Planeten Erde und spüren zum ersten Mal eure Energie, euer Energiefeld. Ihr begrenzt euch so viel. Doch lasst diese Begrenzungen fallen und wisset: Alles ist da – in der Einheit.

Alles ist möglich.

Ich grüße euch aus dem Seelenreich des Orion.

Wie schön, dass wir diese Stunden miteinander verbracht haben auf eurem wundervollen Planeten Erde.

Botschaft von Coya, einem König aus dem Seelenland Orion

Meine Freunde, herzlich willkommen.

Ein König des Orion ist mit euch. Ich bin Coya.

Ich freue mich, mit euch hier zu sein an diesem Sonnentag bei euch auf der Erde. Es ist gut, dass ihr da seid. Es ist gut, dass wir da sind. Und dass wir zusammen eine neue Erde kreieren können.

Nehmt euch ernst in diesem Leben! Schaut nicht zu, sondern handelt. Jeder der zuschaut, gibt die Verantwortung ab. Doch wenn ihr handelt, übernehmt ihr die Verantwortung – für Mutter Erde und für euch.

Mehr braucht es gar nicht in eurem Leben: Es braucht nur euer Handeln. Und wir geben euch hier den Mut, wirklich zu handeln: Mit diesem Wissen noch viel mehr in die Öffentlichkeit zu gehen, noch viel mehr die Kräfte zu nutzen und nicht mehr zuzuschauen, sondern zu handeln.

So vieles geschieht in jedem Moment und in jeder Minute auf eurem Planeten Erde. Und wenn ihr Liebe sendet über den Planeten Erde – mit eurem Herzen die Liebe sendet über den ganzen Planeten –, so handelt ihr auch schon.

Die Seelen von unserem Seelenland Orion, die bei euch auf der Erde diesen Weg gewählt haben, mit dem Körper eins zu werden, haben eine große Aufgabe: Die Menschen zum Handeln zu bewegen, damit sie wirklich ihre eigene Stimme verbreiten - die Stimme des Herzens. Und zwar mit Liebe statt mit dem Verstand – mit Liebe.

Spürt einfach in die Energie hinein. Es gibt nicht viele Worte. Es ist die Energie, um ins Handeln zu kommen, und um euch zu erlösen von eurer Ohnmacht, die in euren Familien sitzt durch die Kriege in eurem Land. Da ist immer noch so viel Ohnmacht an euch weitergegeben worden. Dadurch haben die Menschen Angst, in ihre Macht zu kommen, in ihre neue Energie. Und das erlösen wir heute an diesem Tag. Mit eurer Hilfe wird das in diesem Land erlöst, damit jedes Lebewesen wieder in seine Kraft kommt. Damit es unsere Seelen aus dem Orion leichter haben auf der Erde.

Das ist die Transformation, die ihr auf der Erde jetzt braucht: Freiheit und Klarheit, um wieder in eure Kraft zu kommen, um eure Vision wieder auf der Erde zu leben - und eure Schönheit.

Trotz all der Verunreinigungen auf der Erde ist eure Erde noch so kraftvoll. Welch einen Segen ihr habt! Nehmt euch diese Kraft von Mutter Erde in euer Herz und lebt eure Freiheit, lebt euch - ohne Angst!

Es ist alles gesagt. Geht euren Weg mutig voran,
und lasst euch ein auf das Leben mit Mutter Erde!

Coya segnet euch, ganz in eure Kraft zu kommen
und aufzustehen für das, was ihr seid: für die Liebe.

Die Leichtigkeit des Lebens aus dem Seelenland: Mantren und Wochentage

Seelenland	Mantra	Wochentag
Lemuria	VASUTY	Sonntag
Regenbogenland	YUMARA	Montag
Elfen- und Feenland	SHANYUMA	Dienstag
Wal- und Delphinland	SHAKAL	Mittwoch
Sirius	NAVARU	Donnerstag
Plejaden	KATYLA	Freitag
Orion	SHARAMO	Samstag

Seelennahrung für die Seelen aus den Seelenländern

Lemuria	Fenchel, Karotten, Löwenzahn, Gurken, Reis, Papaya, Kamut, Honig, Maracuja, Oliven
Regenbogenland	Nudeln aller Art (ohne Ei), Kartoffeln, Mangold,Spinat, Blumenkohl, Zuccini, Rote Beete, Paprika, Agaven-Dicksaft, Bananen, Mango, Orange, Möhren, Weizen
Elfen- und Feenland	Ananas, Avocado, Birnen, Äpfel, Pilze, Ahornsirup, Tee, Brokkoli, Hirse, Himbeeren, Bärlauch, Kichererbsen

Wal- und Delphinland	Kirschen, Sonnenblumenkerne, Kokosnuss, Kürbis, Kürbiskerne, Melonen, Aprikosen, Pflaumen, Granatäpfel, Bulgur, Auberginen
Sirius	Weintrauben, Mais, Kopfsalat, Feldsalat, Rucola, Radieschen, Amaranth, Kakao, Kaffee, Tomaten, Zitrone, Passionsfrucht
Plejaden	Rhabarber, Pfirsiche, Zuckerrüben, Ingwer, Dinkel, Johannisbeeren, Brombeeren, Stachelbeeren, Heidelbeeren, Hafer, Sauerampfer
Orion	Gerste, Soja, Mirabellen, Erdbeeren, Kohlrabi, Rettich, Seitan, Bohnen, Nüsse, Mandeln, Kiwi, grüne Erbsen, Roggen

Die Seelenländer und ihre Tiere

Auch Tierseelen kommen aus verschiedenen Seelenländern. In dieser Tabelle findest du einige Zuordnungen. Die Menschenseelen, die aus den gleichen Ländern stammen, haben zu diesen Tieren eine tiefe Beziehung.

Lemuria	Echsen, Schafe, Ziegen, Krokodile, Schweine, Hamster, Meerschweinchen, Affen, Kängurus, Giraffen
Regenbogenland	Elefanten, Pferde, Vögel, Hühner, Fische, Eichhörnchen, Pinguine, Biber, Frösche, Kamele, Dromedare, Bären
Elfen- und Feenland	Esel, Spinnen, Schmetterlinge, Kühe, Schnecken, Füchse

Wal- und Delphinland	Wale, Delphine, Otter, Muscheln
Sirius	alle Insekten, Haie, Hunde, Büffel, Ratten, Skorpione, Wölfe, Hyänen, Krebse, Krabben
Plejaden	Katzen, Mäuse, Hasen, Rehe, Schildkröten
Orion	Zebras, Schlangen, Maulwürfe, Seelöwen, Kraken, Lamas

Die 7 Seelenland-Zonen Energiepunkte im Gesicht, in den Handinnenflächen und am Fuß

Die geistige Welt lehrt uns das Wissen der Zeit und das Wissen der Herzen. So gibt es im Augenblick 7 Seelenländer, aus denen die Seelen inkarnieren.

Seelenländer sind Parallelwelten, die in anderen Dimensionen sind und je höher wir schwingen, desto existenter werden sie für uns. Es sind nicht die Planeten gemeint.

Jederzeit können wir uns mit dem Seelenland verbinden. Nachts geht die Seele in das Seelenland und lädt sich auf.

1. Lemuria: bringt viel Heilenergie auf die Erde. Lemuria war eine Lebensform vor Atlantis.

2. Regenborgen: Land der Farben, der Träume und diese auf der Erde zu manifestieren.

3. Elfen- und Feen: bringen die Leichtigkeit auf die Erde und das Vertrauen in die Natur.

4. Wale und Delphine: ist seit 1986 geöffnet, sie bringen Bewusstsein von Liebe und Schutz.

5. Sirius: bringt neues Wissen
   und neue Technologien auf die Erde
   (z.B.: Lichtenergieauto)

6. Plejaden: haben viele Kraftsymbole
   und aktivieren diese.

7. Orion: bringt die Stille, die Tiefe
   und den göttlichen Glanz auf die Erde.

Die Anzahl der Seelen, die aus den Seelenländern kommen folgen der obengenannten Reihenfolge, d.h. die meisten Seelen kommen im Augenblick aus Lemuria, dann aus dem Regenbogenland und am wenigsten Menschen inkarnieren aus dem Seelenland Orion.

Am Körper sind die Seelenlandzonen zu erkennen. Sie sind im Gesicht, am Fuß und in der Handinnenfläche zu finden, wobei in der linken Hand das vorhandene Potenzial zu erkennen ist und in der rechten Hand sich das Gelebte zeigt.

Die Seelenlandzonen können dazu genutzt werden, um Krankheiten und Situationen zu diagnostizieren (Pickel, Hautrötungen und -veränderungen), zu behandeln und auch aufzulösen.

Es gibt zugeordnete Krankheitsthemen, die über die bestimmten Zonen am Körper diagnostiziert und behandelt werden können. Das heißt nicht, dass die Menschen, die aus dem jeweiligen Seelenland kommen, diese Krankheiten bekommen oder genau für diese Krankheiten prädestiniert sind.

Diese angegebenen Bereiche im Gesicht, in den Handinnenflächen und am Fuß können durch Druck, Massage, leichtes Klopfen oder Akupressur, Halten und Energie hineingeben, Farbfolien, Reiki angeregt und ausgeglichen werden.

Die Zonen am Kopf deuten auf die kosmische Energie hin, an den Händen zeigt sich die ausführende, handelnde Energie und an den Füßen ist die körperlichste Energie.

Empfehlungen:

Wenn du nacheinander die Zonen behandelst,
ist es gut am Kopf zu beginnen.

Die Zonen sollten immer nacheinander behandelt
werden – nie parallel.

Seelenland	Gesicht
1. Lemuria	*Stirn, über re + li Augenbraue bis Haaransatz*
2. Regenbogenland	*Wangen von unter den Augen bis in Lippenhöhe zur Nase begrenzt durch Lachfalten*
3. Elfen- und Feenland	*Seitliche Wange von Ohrläppchen bis Kinn*
4. Wal- und Delphinland	*Kopf von Haaransatz bis in Höhe Ohrmitte re + li von Fontanelle bis Ohrlöcher*
5. Sirius	*Beide Höcker im Nacken (Hinterkopf) Medulla oblangata*
6. Plejaden	*Beide Schläfen*
7. Orion	*Um den Mund – bis zur Nase*

Hand	Fuß
Handballen bis Lebenslinie (Daumenballen)	*Ballen unterhalb des großen Zehs*
Handkante von Ansatz kl. Finger bis Handgelenkansatz	*Hügel unterhalb des kleinen Zehs*
Hügel auf der Innenhand von unterhalb des kleinen Fingers bis Mittelfinger	*Fußinnenkante in der Länge des Fußgewölbes*
Falte zwischen Daumen und Zeigefinger	*Fußaußenkante unterhalb des Orion-Punktes bis zum Plejaden-Punkt.*
Hügel unterm Zeigefinger	*Unterhalb des Innenknöchels bis Fußkante*
Außenkante am kleinen Finger	*Unterhalb des Außenknöchels bis Fußkante*
Daumen vom Fingernagel bis Wurzel (seitlich)	*Von Spitze des kleinen Zehs eine Zeigefingerlänge entfernt in der Außenkante*

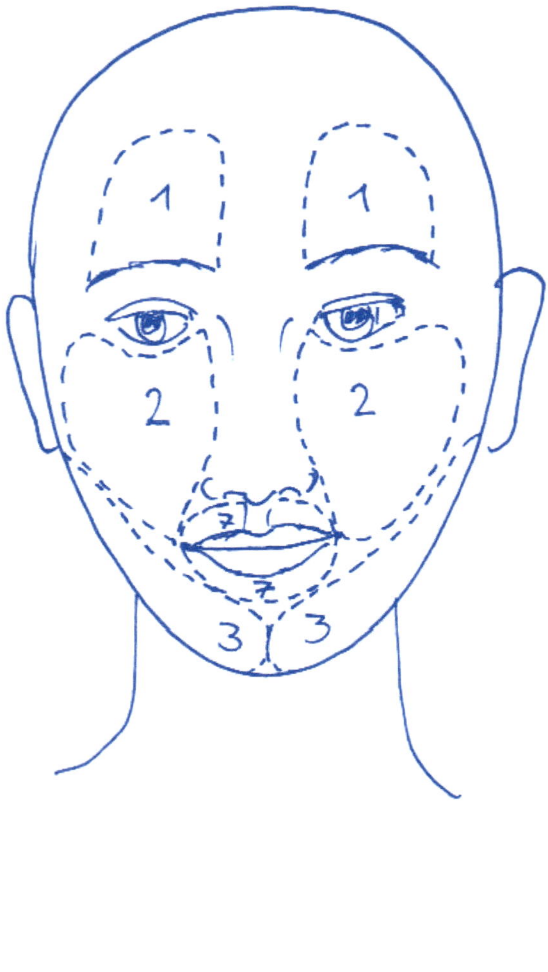

Zonen im Gesicht

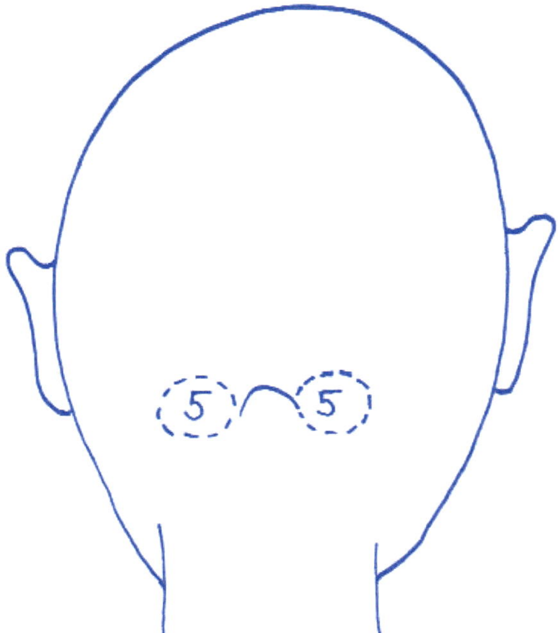

Zonen am Hinterkopf

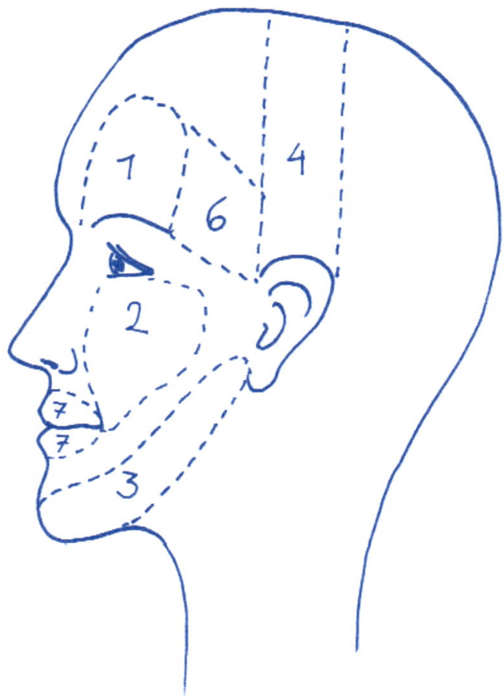

Zonen an den Seiten des Kopfes

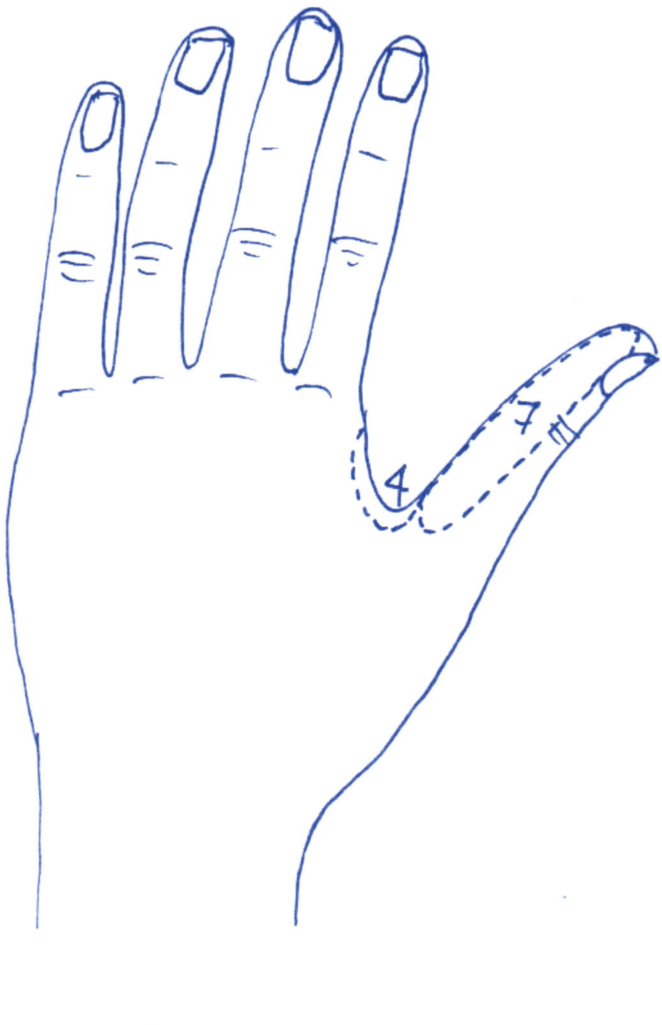

Zonen an der Außenhand

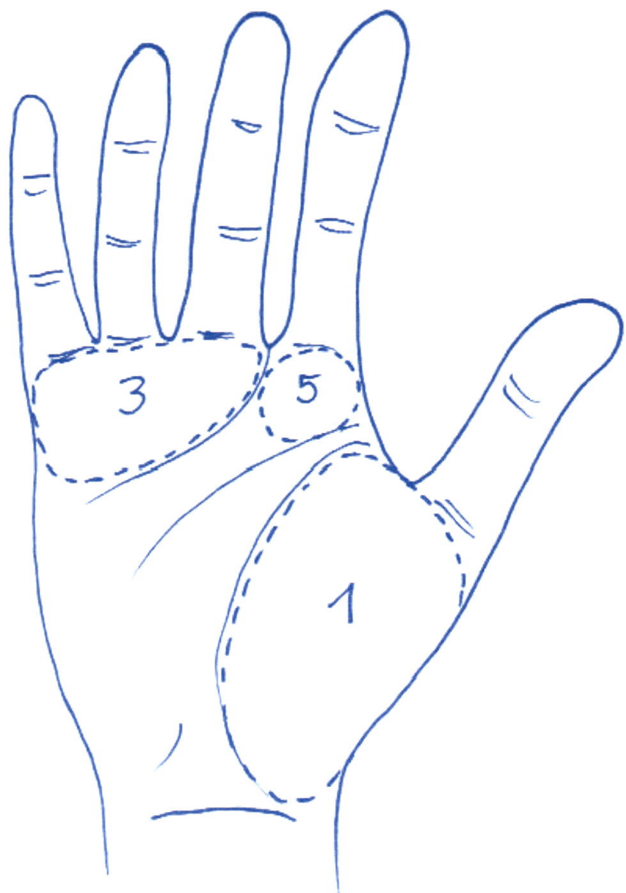

Zonen an der Innenhand

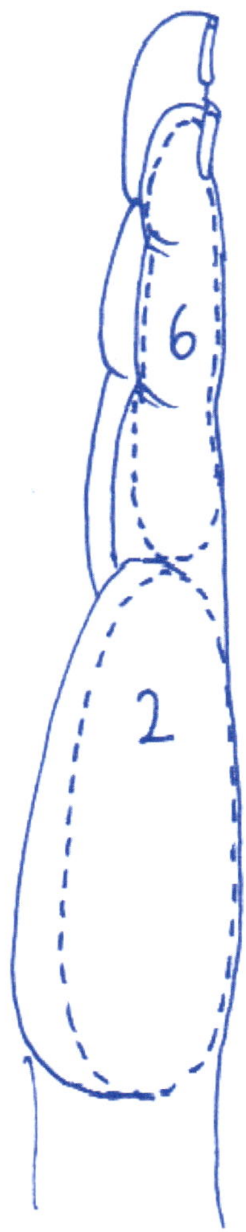

Zonen an der Seite der Hand

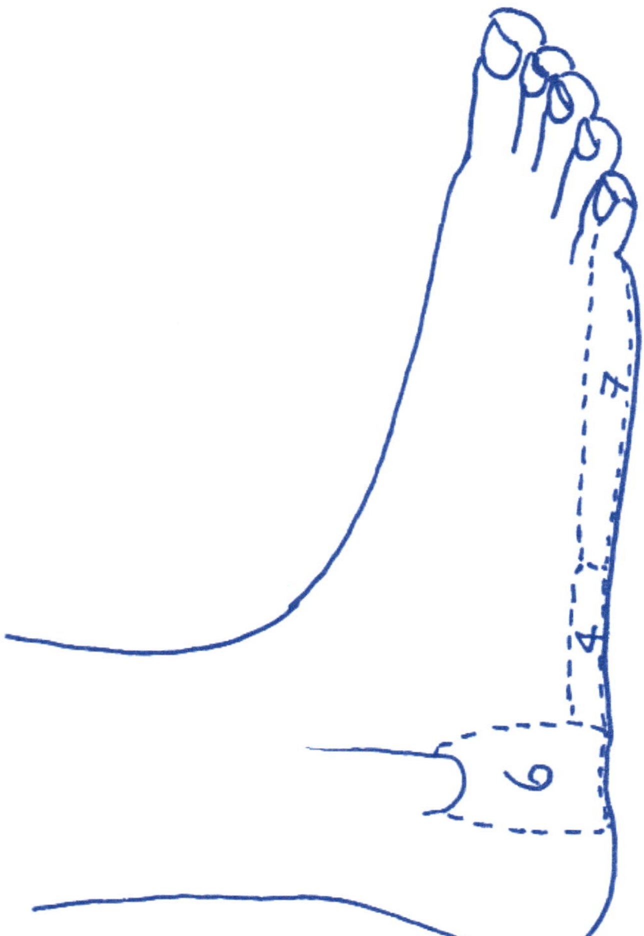

Zonen an der Außenseite des Fußes

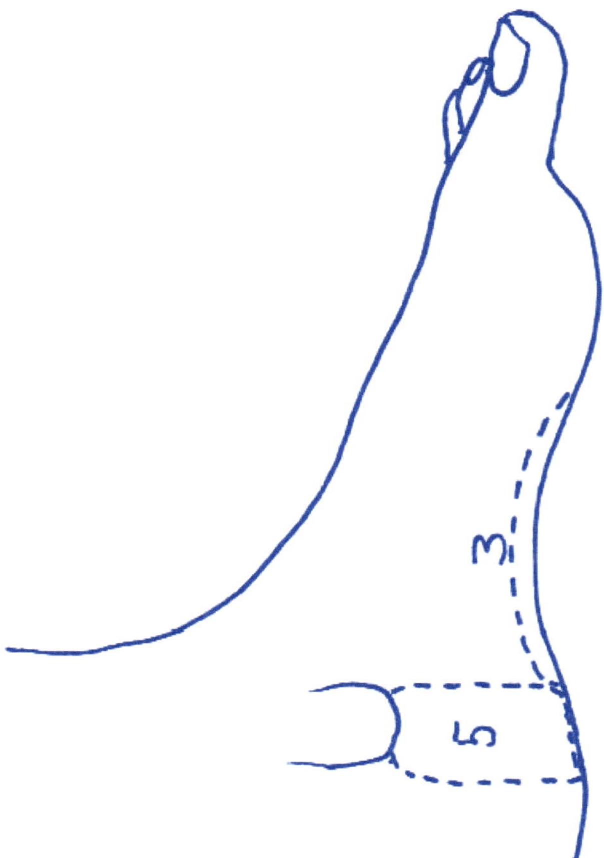

Zonen an der Innenseite des Fußes

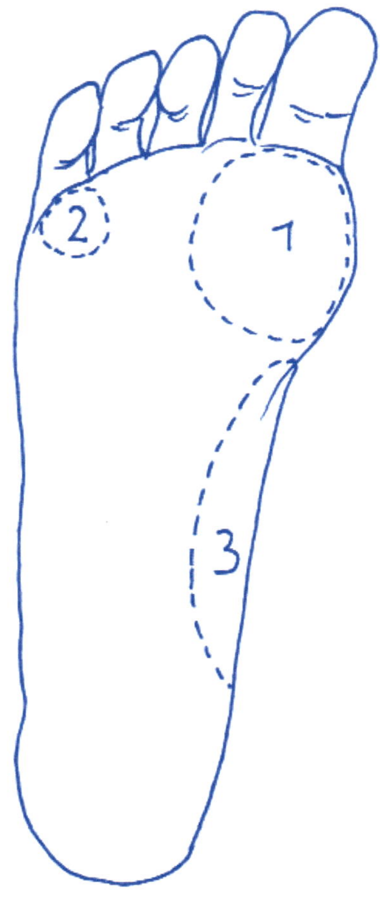

Zonen an der Unterseite des Fußes

Begriffserklärungen

ADS: Aufmerksamkeitsdefizit-Syndrom

Anunnaki: Die Götter der Sumerer (die biblischen Nefilim)

AnandaRa-Symbol: wurde von El Morya durchgegeben und in Band 3 veröffentlicht

Aura-Soma: Dieses ganzheitliche System, das die heilsamen Energien von Farben, Pflanzen und Edelsteinen kombiniert, wurde durch Vicky Wall entwickelt.

EA Enki: führender Wissenschaftler der Nefilim

Dr. Masaru Emoto: japanischer Schwingungsforscher, der durch seine Wasserkristallbilder bekannt wurde.

Gilgamesch-Epos: die älteste überlieferte literarische Dichtung der Menschheit und das berühmteste literarische Werk Altbabylons, das seinen Ursprung im sumerischen Reich in Mesopotamien hat, und in Keilschrift auf Tontafeln hinterlassen wurde

H.A.A.R.P.: Gerät zum Empfangen von Hochfrequenzen aus dem Kosmos und zum Senden von Hochfrequenzen – siehe auch www.wikipedia.de

Larimar: Die Energie von Larimar ist ein feinstofflicher Schutz. Deine Aura und deine Chakren bilden deinen Energiekörper, der genauso wie der grobstoffliche Körper vielerlei Herausforderungen ausgesetzt ist. Andere Energien können das Gleichgewicht im Innern stören.

Nefilim: s. o. Anunnaki

Orionstab: Adelheid Rosenkranz entwickelte den Orionstab gemeinsam mit der Firma Galaxy No. 1. Ihre dadurch entstandene neue Harmonielehre nennt sie Geo-Allchemy.

Dr. Matthias Rath: siehe www.Dr-Rath.com (siehe dort auch Femicell)

Literaturempfehlungen

Robert Temple:	Das Sirius-Rätsel
Wolfgang Thiel / Herbert Knorr:	Der Himmel ist unter uns
Masaru Emoto:	Die Botschaft des Wassers
	Die Antwort des Wassers
Zecharia Sitchin:	Das Buch Enki
	Der kosmische Code
	Der zwölfte Planet
	Stufen zum Kosmos

Über Natara

Natara Jörg Loskant ist gelernter Physiotherapeut, mit Zusatzausbildungen wie Osteopathie, Craniosakral-Therapie, Shiatsu und wirkt seit 1998 als Botschafter von Erzengel Michael und der geistigen Welt.

Mit dieser Kraft gründete er das Unternehmen Kamasha, das lichtvolle Essenzen, Bücher u.a. Produkte herausbringt. Mit seinen Seminaren und Ausbildungen bringt Natara die Menschen in Kontakt mit der Heilkraft des eigenen Herzens.

Gespräche mit Erzengel Michael

Seit 1998 wirkt Natara als Botschafter von Erzengel Michael und der geistigen Welt. Die dadurch entstandene Bücherserie: "Gespräche mit Erzengel Michael" hat viele Menschen berührt. Sie fühlen sich zu den Botschaften aus der geistigen Welt hingezogen und spüren eine tiefe Verbundenheit mit den Engeln.

Die gesamte Reihe ist auf neun Bände ausgelegt. Jeder Band enthält eigene Themenschwerpunkte und kann unabhängig von den anderen Bänden gelesen werden. Der Band 7 wird im Herbst 2008 erscheinen.

In den Büchern geht es nicht nur um die Inhalte, sondern auch um die Erfahrung und Verwirklichung. Wer sich intensiver auf die Engelkräfte einläßt, kann ihre Gegenwart spüren und erleben.

Die Botschaften der geistigen Welt sollen eine Hilfe sein, mehr in die Liebe zu kommen und die ursprüngliche seelische Kraft wieder zu entdecken. Es ist die Bestimmung eines jeden, die wahre Essenz des Seins zu entdecken.

Gespräche mit Erzengel Michael, Band 1

ISBN 978-3-936767-00-1

Erzengel Michael spricht zu einer kleinen Gruppe von Menschen, die sich zu regelmäßigen Treffen zusammengefunden hat, und beantwortet ihre Fragen.

Das Licht, die Liebe und die Fürsorge der geistigen Welt sind hierbei für jeden wahrnehmbar und in dem ganzen Buch zu spüren. So kann das Buch den Leser zu Erkenntnissen, Frieden und Licht führen.

Themengebiete des Buches sind: unser Bewusstsein vor unserer Geburt, das Bewusstsein der Menschen, die vom Indigostrahl sind, spirituelle Einweihungen, die der Mensch in Laufe seines Lebens erfährt, Karma, ein gesunder Umgang mit Sexualität und Liebe, Heilung von sexuellem Missbrauch und der Aufstieg der Erde.

Gespräche mit Erzengel Michael, Band 2

ISBN 978-3-936767-12-4

Liebevoll, offen und klar antwortet Erzengel Michael auf die ihm gestellten Fragen. Im zweiten Band offenbaren uns die Engel die ursprünglichen Visionen der Religionsgründer.

Wir erfahren die Kraft unserer Gedanken und wie wir durch gute Gedanken Einfluss auf Gegebenheiten des Lebens nehmen können. Ein wesentliches Thema des Buches ist der Umgang mit Wasser. Außerdem wird auf die Gefahren des HAARP Projektes hingewiesen und auf den Aufbau von 12 weltweiten Heilzentren.

Mit unendlicher Geduld und Liebe, in Offenheit und Klarheit, aber auch mit Witz und fröhlichem Humor antworten Erzengel Michael und Sananda.

Gespräche mit Erzengel Michael, Band 3

ISBN 978-3-936767-02-5

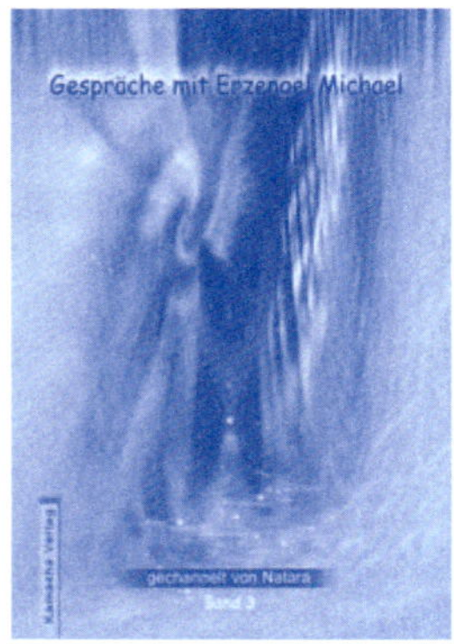

Die Zehn Gebote, so wie sie von Moses vermittelt wurden, waren eigentlich zehn Einweihungen, die den Menschen bei der Wiederentdeckung ihrer Göttlichkeit halfen.

Neben Erzengel Michael und Maria sprechen auch der Meister Babaji und Franz von Assisi. Babaji beschreibt die Notwendigkeit, das Wissen der geistigen Welt zu verbreiten, und Franz von Assisi erzählt uns in seiner herzlichen und liebevollen Art vom Bewusstsein der Tiere.

Die Aussage dieses Buches ist Liebe. Sie durchströmt alle Zeilen und Leerzeilen und ist für jeden zu spüren, der sich ihr öffnet.

Einige Kapitel gibt es auch als Hörbuch:
ISBN 978-3-936767-82-7

Gespräche mit Erzengel Michael, Band 4

ISBN 978-3-936767-03-2

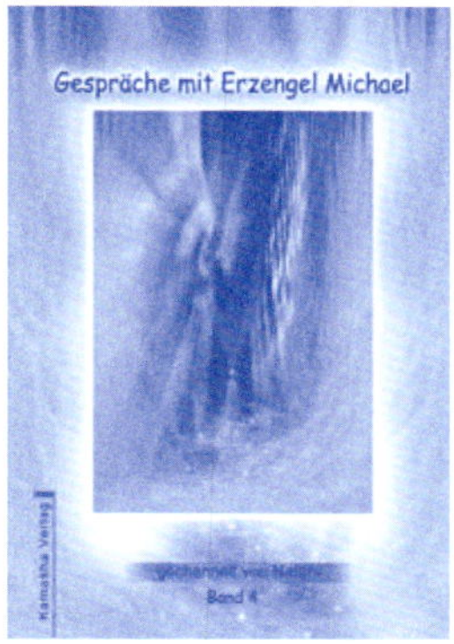

In diesem Band beglücken uns die Engel und Meister mit dem Wissen der Erleuchtung. Wir erfahren Samadhi, erhalten einen Zugang zur eigenen Seelenkraft, zur eigenen Klarheit und zur Verwirklichung der göttlichen Vision auf Erden. Es geht um Achtsamkeit, die Kraft der Liebe, heilende Präsenz, Loslassen und Vertrauen.

Maria und Erzengel Michael berühren uns mit dem Wissen um erfüllende Beziehungen: Die Beziehung zu sich selbst, zu Gott und zu einem Partner. Die Hintergründe der Vogelgrippe erklärt uns Franz von Assisi.

Das Buch ist energetisch so aufgeladen, dass du die Kraft und Liebe der Aussagen wahrnehmen kannst.

Gespräche mit Erzengel Michael, Band 5

ISBN 978-3-936767-04-9

Unser bisheriges Astrologiesystem orientiert sich an den Sternzeichen. Jetzt erfahren wir hier eine ganz neue und hilfreiche Methode, mehr über unser Selbst und unsere Liebe zu erfahren - die Engelsastrologie. Diese Astrologie beschreibt 13 Zeitfenster, über die jeweils Engel und Meister des Lichts wachen.

Diese melden sich und beschreiben, was die Menschen, die in einer bestimmten Zeitphase geboren oder gezeugt wurden, berührt, was sie stärkt und worauf sie bei sich besonders achten sollten.

Botschaften von: Hildegard von Bingen, Lady Diana, Erzengel Raphael, Shiva, Shakti, Krishna, Saint Germain, Lady Gaya, El Morya, Erzengel Michael ...

Das Symbol der Schildkröte
von den Plejaden

Natara
Symbole und Mantren
für den Aufstieg
ISBN 978-3-936767-13-1

Ein meisterhaftes Arbeitsbuch. Wahre Schätze werden in diesem gut aufgebauten und übersichtlichen Fachbuch preisgegeben.

Erzengel Michael gibt den Menschen für den Aufstieg der Erde und aller Wesen 18 Mantren und Symbole, die hier abgebildet und beschrieben sind. Alle mit spezifischen Wirkungen und Heilkräften. Das Buch ist mit einer Ringbuchspirale versehen, so dass mit den Mantren und Symbolen gearbeitet werden kann.

Natara
Symbole und Mantren
für den Augenblick
ISBN 978-3-936767-15-5

Die Symbole und Mantren gibt es auch im Taschenformat. Ob zu Besuch bei Freunden oder Verwandten, ob Häuser gesegnet oder Seelen ins Licht begleitet werden - für viele Lebenssituationen geben die Symbole und Mantren Hilfe.

In diesem Format sind sie überall transportier- und einsetzbar. Als Schutz für den Transport dient eine feste Verpackung.

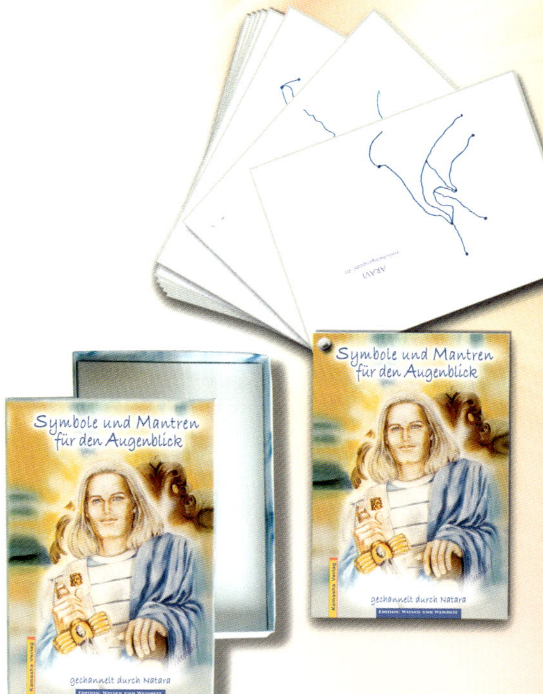

Rita Schenk
Oslom und seine Reise zur göttlichen Ordnung
ISBN 978-3-936767-23-0

Was geschieht, wenn sich Seelen darauf vorbereiten, ihre Aufgaben auf der Erde zu erfüllen? Was können sie tun, um an dem Heilungs- und Entwicklungsprozess mitzuwirken? Diese und viele andere grundlegende Fragen des menschlichen Daseins werden in „Oslom und seine Reise zur göttlichen Ordnung“ beantwortet.

Ursula Shalina Kanitz / Marianne Kleine-Wilke
Elli reist ins Engelland
ISBN 978-3-936767-29-2

„Warum bin ich ein Engel, ich habe doch keine Flügel?“ wundert sich Elli. Eines Nachts begegnet sie ihrem Schutzengel Laurena, der sie auf eine wunderbare Reise ins Engelland mitnimmt. Eine bezaubernde Geschichte, einfühlsam erzählt und mit wunderschönen farbkräftigen Pastellbildern illustriert. Ideal natürlich als Gute-Nacht-Geschichte für süße Engelträume.

Renate und Eckhard Moog
Erkenntnis oder Leiden
Seelische Prozesse von Gesundheit und Krankheit
ISBN 13: 978-3-936767-11-7

Wenn wir uns dem inneren Heiler zuwenden, tun wir den ersten Schritt auf dem Weg in die Heilung. Wenn wir nicht auf die Signale von innen horchen wollen, müssen wir die Defizite unserer seelischen Entwicklung durch weitere Konfrontation mit Krankheiten ausgleichen. Die Autoren haben die seelischen Ursachen von 60 verschiedenen Krankheitsbildern in eigener geistiger Forschung erschlossen.

Jürgen Graf
Wege zur Wahrhaftigkeit
ISBN 978-3-936767-21-6

Ein wertvoller Begleiter auf dem Weg zu einem authentischen, kraftvollen und inspirierendem Leben. Wir erinnern uns daran, unseren Körper zu heiligen, unseren Geist und unsere Seele zu verwöhnen. Mut und Vertrauen, Respekt und Akzeptanz, Neugierde und Ehrlichkeit bilden die Grundlage für ein Fortschreiten auf diesem Weg.

Joachim Hausmann
Sananda spricht
ISBN 978-3-936767-30-8

Es ist ein Buch, das überströmt von Liebe und Enthusiasmus, das zum Frieden mit sich selbst führt und die Menschen einstimmt auf die Veränderungen und Dinge, die kommen. Jene Dinge, die die Seelen aufwühlen und abgespaltene Emotionen emporbringen.

Barry Brailsford
Weisheit der Vier Winde
Illustriert von Cecilie Okada
Karten und Buch
ISBN 978-3-936767-16-2

Die Weisheit der Vier Winde ist kraftvoll und leuchtend. Sie verbindet mystische Größe mit tiefem philosophischen Wissen. Die Motive der Karten finden sich in der Natur. Sie stammen u.a. von den Küsten Neuseelands, wo die Natur noch ursprünglich ist und tragen in sich die Weisheit einer hohen Spiritualität.

Engelspost
Die 7 Seelenländer
ISBN 978-936767-83-4

Diese CD bringt dich mit deinem Seelenursprung in Verbindung und lässt dich erkennen, wie verbunden du mit der Erde und dem Kosmos bist. Die Musik kann dich auch mit vielen alten gespeichterten Emotionen in Kontakt bringen, die durch das Hören bewusst und aufgelöst werden.

Katano
Aravi: Mantras for Inner Trust and Inner Peace
ISBN 978-3-936767-81-0

Melodien zu den Mantren aus dem Buch: „Symbole und Mantren für den Aufstieg." Die Musik öffnet dein Herz. Sie ermöglicht einen ungeahnten Zugang zu ihrer Heilkraft. Auf der CD werden nur natürliche Instrumente verwendet (indische Sitar, Gitarre, chinesische Harfe, klassisches Klavier, u.v.m.).

Balateera
Honigblut
ISBN 978-3-936767-80-3

Balateera hat sich von den Energien der Engel und Meister inspirieren lassen und ihre Liebe in der Musik zum Ausdruck gebracht. „Honigblut" erinnert uns an das Funkeln der Sterne, das Pulsieren der Herzen, das goldene Licht, die leuchtende Kraft, die durch uns fließt, und an die Freude, die unserem Leben die Süße des Honigs verleihen kann.